一分钟哲学课

The 60-Second Philosopher

Expand your Mind on a Minute or so a Day!

[英] 安德鲁·佩辛 著
Andrew Pessin
王芳卉 译

中国人民大学出版社
·北京·

哲人云：

万事皆由因缘起。

我的生命因缘有三：

谨以此书献给ERP，NRP和GR。

目 录

导 语

本书写给住在你内心的哲学家。 1

也许你并未意识到自己心中有位哲学家，你甚至不想让他存在，但我保证，每人心中都有位哲人。倘若能让他出来透透风，你会感觉很不错。哲学能带你飞向万分美妙的所在，甚至不需要你从靠椅里抬起屁股或是离开早班火车；哲学能让你看到奇闻异事，但并不要求你望得多远；哲学能让你发现每天走过的地方、看到的事情都精彩非凡，使你看世界由此变得敏锐不凡、思路渐开。

最棒的是，做到这些，每天只需一分钟。

三千年来，智慧卓越的哲人从未停止思索哲学问题，几千年的
争论延至此刻，愈辩愈烈，难分高下。但如今，很少有人有时间苦 2
读三千年来积淀的哲学典籍，更不要说为了理解原文去学习掌握希腊语、拉丁语、希伯来语、法语、德语甚至乌尔都语了。

本书就是写给如今的你我的，让你我不再拘泥于典籍、受限于语言。

希望我能通过本书简明短小的每一章，带你飞向美妙的所在，让你看见奇闻异事，帮你在思考时跳出常规，也能回归常规，并对所谓的常规进行思考。

当然，写这本书时，我遇到了每个写作者都要面对的第一个问题，那就是决定要写哪些内容。有人曾说，问两位哲人同一个问题，你至少会收获三个答案。写这本书时，我曾向十七位哲学家寻求建议，结果收到了二十五条半不同的意见。幸好这些想法都大相径庭，互相矛盾，这样我就心安理得地忽略了他们所有的想法。我又向自己内心的哲学家求教，总结出大约六十条想法，最终演变成
3 本书的六十个章节。当然，这六十条想法也同样彼此矛盾、相去甚远。我问内心的哲学家，是否需要担心这个问题。他回答说，需要，也不需要。对于他的回答，我想我不该惊讶。

因为这就是哲学的本来面目。

你担心得出互相矛盾的答案，是因为你想找到一种办法来解决问题的所有矛盾。这时你会发现相对立的答案各有长处。有了绝妙的想法，又冒出另一个想法否决了它，继而又有新的想法横空出世推翻了上一个想法。哲学思考就是这样，绝不静止固化，而是持续多变。不必担心得出彼此矛盾的想法，毕竟这也是哲学的本来面目。遇到问题，你只有多方面考虑，才能最终做好决定。

本书会让你多维度思考很多问题。

接下来的六十个章节里收录了哲学家们乐此不疲地争论了近三千年的主要疑问、难题和想法，包罗了各种主题，从心智到身体，从空间和时间到因果关系和自由意志，从知识和理性到怀疑和

理智，从绝对道德到相对道德再到完全排斥道德，从有神到无神， 4
等等。这些论题相互联系，彼此参照，同时也可以自成一体，供大家自由品读，完全不需要依照前后顺序。最重要的是，这些论题呈现在你我眼前，如同在千百年来的哲学家眼里一样，是私密的、关乎我们自身的。它们是谜团、悖论，也是难题，它们亟待解决同时又抗拒我们的任何解决办法。因此，你时常会发现一个论据可以用在相反的论点上，以至于得出完全相反的答案，这就是思考的自然过程。

如前所说，只有多方面考虑问题，才能在最终时刻做出明智的选择。

不幸的是，哎呀，我内心的哲学家不能替你做出决定。他提醒我，他的任务仅仅是唤醒**你**内心的哲学家并引领你思考——而非直接告诉你要思考的内容。

思考的具体内容就要交给**你**内心的哲学家了。

1
你内心的哲学家

有个关于鱼的故事：有条鱼在大海里四处游荡，向遇见的海 6
洋生物一一询问：“一直听闻有片大海，这片海在哪儿呢？”当然，这不是什么了不起的故事，却蕴含了大量信息。

其实我们和这条鱼没有什么分别。

举个例子，看到新生儿，我们总会感到惊奇——真是个不可思议的奇迹。但我们面对成人时何曾有过这样的想法？而且，为什么不呢？每个成人都曾是新生儿，如果新生儿是奇迹，那么成人也应该是奇迹。我们不这样想的原因只有一个，那就是，我们每天都看到成人在身边走来走去，早已不觉得新奇。

再举个例子。你碰掉了勺子，勺子掉在地板上。这是为什么？
理论上来说，勺子也可以悬浮在空中或是向上移动。它是**如何**受到 7
“重力”的影响掉到地板上的？想想看，勺子和地面并没有丝线连在一起，不仅不相连而且相距甚远的东西是怎样被拉到地面上的？为什么有东西掉在地上，我们不会说，真是个不可思议的奇迹？

如果我们打开思路，开始提出疑问，最平常的事情往往蕴含着穷尽一生也问不完的问题。

孩子们懂得提问的艺术。每次给孩子们的关于“为什么”的答案也都是下一个问题的开始。我们都从孩童时走过，现在需要做的是：唤醒我们内心里的孩子——我们内心的哲学家，跳出习以为常的框架，纵身一跃，投进哲学的深海中吧。

是时候开始思考了！

相关章节：60

2

逝者如斯夫

没有什么比时间更令人熟悉的了。人们常说：“只争朝夕，勿 8
失良辰！”我们都知道“时光飞逝”，但并不清楚时光是如何飞逝
的。时间不是物体，不会出现在一个地方，继而去往另一个地方。
那么，在何种意义上，时间是流动的呢？

如果时间的确在流动，我们理应能算出它流动得有多快。你也许会想到，钟表就可以测量出时间流逝的速度，但事实并非如此。

钟表测量出的并非时间，而是具体实在的物体是如何联系在一
起的。举个例子，你瞄了一眼表，发现已经是下午一点十三分了，
隔一会儿再瞄一眼就变成了一点十五分。看了两次表，有两次不同
的读数，就是这两个读数宣告了两分钟的流逝。但想象一下，倘若
宇宙万物在你两次看表的间隙里加速运转，你的大脑、思维和感官 9
与钟表的齿轮同时高速活动。两次看表的读数没有改变，但相隔的
时间却因为速度的变化而缩短了——你仍然不会觉察到任何不同。
这样说来，钟表测量的并非时间。

时间与实际存在的物体不同。如果要想象出时间如何流动，我们必须先想象出一个**空无一物**的宇宙，再试问时间是否还会流动。肯定的答案是很诱人的，但别忘了，这是个空空如也的宇宙，什么都不存在。如果什么都不存在，那么就什么也不会发生，什么都不会出现，什么都不会流动了。

人们还说，开心的时候，时光流逝得更快。我喜欢开心的时光，但如果时光不会流动，开心也并不会让时间过得更快。

相关章节：40

3
梦中人

我们都有过类似的经历：做着美梦，闹钟突然粗鲁地响起来 10
了。梦醒了，新的一天开始了。

抑或这也是梦境？

你能确定此时此刻并非做梦，生活的一点一滴全部真实吗？这绝不是昏昏欲睡的哲学家凭空想出的问题。倘若不能确定自己是否在做梦，你怎能相信这世间的**任何事**是真实的？

要不要掐自己一下？没错，确实可以掐自己看看是否在做梦。但你怎么知道这是否也在做梦，只不过由此换了一个梦境呢？

我曾试图记录自己的梦。醒来时发现早些的梦境已挣脱了自
己的记忆，只好开始在半夜醒来时就把梦境一一记录下来。几天过 11
去，整夜睡不踏实，我简直累坏了。后来我的身体（或是头脑）和我耍了个花招：有天早上醒来，我发现笔记本上没有任何字迹——我只是**梦见**自己醒来写下了梦境，但实际上什么也没有发生。

那一刻我知道自己被打败了。我面临着大问题。我百分百地确信自己是清醒的，此时正在写你看到的文字，我也百分百地确信我已娶妻，我有实际存在的身体，其他物质也都是存在的，因为我能真切地感知到这一切。问题是，在梦中，在这个失败的实验中，我也同样确信自己是清醒的，梦到的场景被自己一一记录下来。但实际上呢？

如此说来，这世间我相信的东西是否都不是真的？甚至我那可爱、迷人的妻子也只是我的梦中人？

相关章节：30，42，52，56

4
思维在别处

你无法否认思维的存在。毕竟，否认思维的存在恰恰需要你 12
在脑中形成想法的能力，这反而证明了思维的存在。唯一不清楚的是，思维的存在**意味着**什么。我们知道人人都有大脑，但大脑是可触摸到的东西。思维是否**就是**大脑？思维属于精神层面，而大脑是物质层面上的，这个显著的区别告诉我们思维和大脑不是一回事。

举个例子，可触摸到的物体有空间属性，占据一定空间，有大小、形状之分，也有其所在的位置。相比之下，思维和想法没有空间属性。说想法有多“大”，你的意识是什么形状，或是想法的坐标在**哪里**都是没有任何意义的。如果能钻进人的脑子里一探究竟，
你看到的只是一个个分子在脑组织里来回穿梭，而“想法”或“认 13
知”是无法观察到的——它们没有空间属性，不存在于脑中的任何位置。

思维的独到之处在于其私密性。自己的想法只有自己最清楚，其他人根本无从得知。相比之下，物体就没有这个特点。物体有空间属性，人人都能触摸、感知得到。事实上，只要有医学影像，医

生就比你更清楚你大脑的构造和状态。但这并不能让他们感知到你的感受和想法。也就是说，你的身体和大脑是物质的，别人都可以接触到，而你的想法和感受是切实属于你的，别人永远无法知晓。

很遗憾，我们并不能准确地说出思维是什么。但我们可以准确地说，头颅包裹着大脑，而思维在别处。

相关章节：9, 13, 16, 19, 22, 24, 30, 31, 42, 48, 52, 55, 56, 57

5

做正确的事

如果我们知道那是什么就好了。或者这么说，如果我们知道我 14
们是怎么知道那是什么就好了。

比如，人人都会说喂养无助饥饿的孩子是正确的事。如果看到有人正在做这样的事，你实际上看到了什么？你看到的是这个人喂孩子的动作，看到的是孩子不再饥饿；你看到了食物，看到了孩子咀嚼的动作；也许还看到了孩子的笑脸。但有一样东西是肉眼看不到的，那就是这件事背后的仁善和正确性。“善”是抽象的，看不见摸不到。

毕竟，我们肉眼只能看到光线和颜色这类看得到的事物。善恶、对错并不在此列，肉眼是看不到的，充其量只能看到事物在某
一特定时刻的样子。而道德关乎事情**应该**是什么样子的。都说喂养 15
饥饿的孩子是善行，其中的含义是人们**应该**这样做。可想而知，我们的眼睛并不具备看到“善”的能力。

我们总是太快做出道德评判，而忽视了实际的事实。举个例

子，如果亲眼看到一桩谋杀案，你会立马意识到谋杀是错的，但这个过程中，你并没有意识到眼睛是看不到“错”的。这样疑问就来了：如果不能用感官分辨对错，我们如何分辨对错？

也许你确信自己明辨是非，知道什么是正确的事：喂饱饥饿的孩子，做善事，别小偷小摸。也许你在极有争议的事上也能自信地保有黑白分明的道德主张。但是，除非能明确说出自己**如何**分辨对错，你也许不该对深信不疑的事情如此深信不疑。

相关章节：12，20，23，26，29，39，45，54，57，58，59

6
言说不言而喻

语言之于人，既重要又神秘。 16

说话可以得到别人的回答。当然，这仅限于特定的话语，也就是有意义的话语，比如言词。特定的人群，也就是能听懂你所说语言的人才能理解你话语的意义。如果我们想更好地理解语言，就必须深入思考“意义”是什么这个问题。

我们的第一个结论就是，意义是抽象的。这不太好理解。意义没有物理属性，不存在于任何空间。举个例子，有人吐出一个词：“狗”。吐出这个词的行为是实际存在的：发出了声音，震动了空气分子。物理学家可以从这个过程中指出很多物理属性，比如存在位置、运动轨迹以及频率等等，但词语的**意义**并不存在于物理属性中。声音可以**传达**词语的意义，词语的意义却不存在于声音 17
中。

同理，听不懂外语不是因为听力不够好，而是因为耳朵只能捕捉实际存在的波动，比如声音。意义不是实际存在的，而是抽象的。就算你的听力卓绝，别人用外语和你打招呼，你还是会愣怔怔地瞪大眼睛，一片茫然。

还有一个结论。看看这两句话："It is rainning"和"*Il pleut*"。懂法语的话，就知道两句话是一个意思，都是"下雨了"。那么，**意义**存在于哪种语言里呢？如果意义存在于英语中的话，法文句子就没有意义了，相反亦然。这样看来，意义**也不单独存在于任何一种语言中**。

意义是抽象的，看不见摸不到，又独立于任何语言存在。但想要理解一门语言，我们必须理解抽象的意义。

由此看来，直接做事比言说事情的原委简单多了。这真是件幸福的事！

相关章节：15，25，35，47，55

7
上帝之骰

玩扑克时，你的朋友弗雷德抽出黑桃 A、K、Q、J 和黑桃 10， 18
来了个同花大顺。这是上等好牌，概率差不多是 65 000 ∶ 1。走运的小子！接下来的一轮，他又抽出这五张牌。事情不太对劲，但是，嗨，你们可是从小玩到大的朋友，他不会唬你的。后来他一遍又一遍抽出这五张牌——就算你们亲密到在彼此婚礼上当伴郎，此时的你也开始按捺不住心口的怒火。他再次亮出这五张牌时，你简直要撸起袖子打人了。

像这类概率极其微小的事情发生时，我们很难相信事情出于巧合或意外。毫无疑问，弗雷德出老千了。你逼迫他看在多年情谊的分上讲真话，但他坚称自己没有作弊。无论他如何解释，你都无法相信他了。

现在，我们换种思路思考问题。宇宙有很多基本的物理特性， 19
比如电子电荷、重力强度和光速等等。每种特性都是变量，有无尽变化的可能。单拿重力来说，重力的强度本可以再高一点，或者低一点，抑或高很多。像这样，只要宇宙的一种物理特性**稍有**不同，宇宙就完全不同了——这个宇宙里的植物、星球、生命和我们这些有意识、有理智和有道德的人类都不复存在。维持现有宇宙的正常运转，需要所有特性同时锁定为特定的数值，这种概率微乎其微。

但我们还在呼吸，宇宙仍在运转。

弗雷德第五次打出同花大顺时，你想撸起袖子打人的话就动手吧。毕竟，我们很难相信这种概率微乎其微的事情出于巧合。但如上文所说，宇宙就是在这种不可思议的巧合中诞生的。

五次同花大顺的真相只有一个。要么是弗雷德出老千，要么是上帝存在于世，创造了万物，导演了一切。

相关章节：17，26，36，43，57，59

8
世间万物

学习思考，首先就要思考这世上都有什么值得思考。让我们试 20
着列出世间的万物，从列清单时亟须思考的问题开始思考吧。

先从实际存在的事物开始。比如树木。树木的种类繁多，是否只列出“树木”，忽略每种树木具体的名称？“树木”一词已经包含了所有树木的种类，但转念一想，世界就是纷繁多样的，想要列出包罗万象、海纳万物的清单，每种树木的名称怎能被忽略？而“森林”要如何处理，如果把每种树木的名称列出来，再列出森林
岂非冗余？一方面来说，独木不成林，单棵树木和成片森林有很大 21
的不同，但从另一方面看，有了组成森林的树木，列出森林本身有什么意义？同时列出每种树木**和**森林难道不多余吗？同样，除去组成树木的原子结构，树木本身又是什么？也许我们应该把物理学家们发现的组成世界的基本粒子罗列出来，或者只列出“物质”。但忽略了由物质组成的各类物体，这个包涵**万物**的清单岂非有所欠缺？

到头来，物体又是什么？我们常常列举属性来描述物体，比

如，苹果是圆的，色泽红润。既然苹果有这些属性，它们的关系是从属关系，是否就可以说苹果及其属性其实是两码事，我们列出形状圆润、色泽红艳外，是否也要单独列出苹果？而脱离了形状和色泽的属性，苹果本身又是什么？

很遗憾，我们满怀野心想要列出包罗世间万物的清单，这个清单却并不包含其本身。

相关章节：22，28，31，32，40，41，50，51，52

9
本　色

我不善于着装搭配，但这并不**全是**我的问题。这么说吧，我在 22
家中的步入式衣柜里试衣服时，衬衫和毛衣还是很相衬的，但我走进教室后却完全不是这回事了。解决这个问题也容易，我可以在我家的大衣柜里给学生上课嘛，但亟须解决的是其中的哲学问题。

衬衫在衣柜里是什么颜色？我想是蓝色。当我穿着它顶着春季正午的阳光走在纽约的大道上时，尽管衬衫的颜色看上去和衣柜里的样子有些许不同，我想它仍是蓝色的。当我穿着它走进教室，在荧光灯的照射下，衬衫像是变了模样，颜色和毛衣很不搭调，我想它依旧是蓝色的。虽然一直在说衬衫是蓝色的，但这不能否认衬衫的颜色变得不一样了。

衬衫的颜色真的变了吗？衬衫始终还是那一件，没有变化。如果衬衫没有变化，它又怎么会变了颜色呢？

或许我应该说衬衫只是看上去变了颜色。但如果它只是**看上** 23
去变了颜色，实际上没有任何变化，那一定是我的一些认知有了问题。那么，我的哪些认知存在问题呢？也许衣柜里灯光太昏暗，不能看出衣服原本的颜色。但在自然的阳光下，我们就可以看出衣服原本的颜色吗？毕竟，纽约春天正午的阳光和伦敦寒冬黄昏时的阳光是完全不同的，哪种阳光才是可以看到事物“本”色的阳光呢？还有，为什么不能说荧光灯的效果**胜过**自然光，可以让我们看到事物真正的本色？

也许我们应该改变观念了，事物并非都有其真正的“本”色。不必思考在何种光线下可以看到事物原本的颜色，因为这种光线不存在。我们可以说，事物在不同的环境下，看上去有多种不同的颜色，我的衬衫也不只有**一种**本色。

这样一来，我们就摆脱了衣柜这一环境限制，跳出了单一思维的框架。

相关章节：4，16，30，42，52

10
没有没有选择的人生路

每做一个选择，我似乎都面临两个选项：已经选择的和后悔 24
没有选择的。我梦想着翻盘重来，好似可以穿越时空做出另一个选择。当然，没人有这样的本事。就算能穿越时空，我们也无法做出另一个选择。

什么促成了我们的选择？因素很多。有时依靠预感和直觉，有时受制于复杂的人格和性格。信仰、欲望或价值观也会促使我们做出相应的选择。另外，自然的法则也不容忽视。我们都是自然界的生物，身体和大脑的构造及其运行都遵循自然规律。因此，在很大程度上，**我们**下一步做什么听命于大脑的指示。

那么，我们可以控制这些因素吗？

直觉不由我们的意志控制，是意料之外的神来之笔。我们也无 25
法控制人格和性格——如果书呆子们可以操控自己的人格，那岂不是个个都变得像我们一样潇洒？那么，我们可以控制自己的信念和想法吗？试着让自己相信此时有头大象就在我们眼前吧，你会相信吗？至于价值观，试试改变自己对一些道德之争的想法——不，你改不了的。当然，我们对操控大脑的自然法更是无能为力。

这样看来，我们根本无法控制影响自己行为的**每一个**因素。

人生在我们眼前铺开延展，好似有琳琅满目的选项等着我们，由我们来选择走哪条人生路。可惜这是美好的幻觉，人生的岔路口并不存在。你做出的“选择”完全受制于不受你操控的因素。人生路只有一条，迂回曲折地向前伸展，你别无选择，只有顺着道路走下去。

相关章节：23，34，43，53

11
我只知道我一无所知

没有什么比这个标题更荒谬了。这么说不是因为标题出自博学 26
多识的苏格拉底，而是因为我们对他是否能够知道自己一无所知存疑。如果苏格拉底**知道**自己一无所知，他就需要知道“知道”是什么，这样才可以确认他不“知道”。

有时，我们知道的是事实或是叙述事实的语言。比如，“弗雷德知道历史上曾有过法国大革命”。有时，知道是种技巧或能力，比如，“弗雷德里克知道如何系鞋带”。有时，它更像是一种体验——华尔街的春记寿司很好吃，想知道它的滋味，就必须亲口尝一尝。但这些有什么共同点，使其都可以算作“知道”呢？

也许我们可以把懂得一项技能、知道寿司的滋味等同于知道事 27
实或描述事实的语句，但用语言表达出所有的技能绝非易事。举个例子，教孩子系鞋带时，因为找不到合适的语句来**描述**，你总是避免不了要亲手示范一下。我学钢琴爵士乐时，老师是这样教我即兴演奏的：“兄弟，一共十二个大调，你心领神会了就行。”也难怪我钢琴学得糟透了。

即使我们可以用语言描述各种技能，“知道”描述技能的语句也并不等同于学会了技能。如果知道了就是学会了，那么职业高尔夫球手也没有存在的必要——读完高尔夫指南书，你就能轻松打败老虎伍兹了。

“知道”这种体验也不等同于知道描述它的语言。即使知道春记寿司的味道好极了，我们依然很难把那种滋味付诸言语，当然，美食家不在此列。动物们都能品尝出其中滋味，可它们说不出来。

以上这些例子，并没有什么共同点使其都算作“知道”。我们以为自己所知甚多，却不知道“知道”是什么意思。

相关章节：14，19，27，30，33，38，44，46，56，57

12

要开心，别担心——除非担心使你开心

世上有很多道德争论，也有很多道德趋同的地方。如果写份 28
清单，列出你眼中道义上完全正确和完全错误的行为，并请朋友照做，你们的清单应该有很多重叠的地方。事实上，列出世人大都赞同的清单并非难事。

难的是解释为什么不难。

清单的内容绝不是随意选择的。正确和错误的行为一定分别有其内在的相同点。我的想法是，行为的好坏取决于其带来的快乐有多少；道义上正确的行为使快乐最大化，反之亦然。

把快乐作为最基本的道德价值，既讲得通也很有意义。问朋友 29
为何选择上大学，他也许会回答，因为上大学能帮他找到好工作。那为何要找个好工作呢？因为他想有个舒适的家，买很多好东西。那这又是为了什么呢？最终他答道，因为这样我会开心。如果你刨根问底继续追问，为何要开心呢，他一定以为你是个疯子。我们要的每一件东西，都是为了其带给我们的快乐；我们要的快乐，就是快乐本身。

快乐才是我们最看重的、最基本的事。

也许有人会反驳说，道德的论题终究还要绕回到上帝。如果你信奉基督，我们的理论也很乐于绕回到上帝——慈爱的天父希望他的子民快乐，他的道德一定是让人们开心的。

如果不是这样，那我们真要开始担心了。

相关章节：5，20，26，39，45，54，57

13
头脑桌球

思维和身体的互动并不稀奇。光线打在你眼前的纸上，反射到 30
眼睛里，随即大脑开始活动，产生了意识，也就是你对这页纸的视觉体验。抑或是你对这本书有些许想法——比如“我要赶紧向朋友们推荐这本书！”——然后伸出胳膊去拿电话。

多么熟悉的场景，多么神秘的互动。

身体和思维截然不同。实际存在的身体（比如我们的大脑）有空间属性，而思维没有。一个具体存在，一个抽象虚无，身体和思维究竟是如何互动的呢？

我们知道，普通的物体可以通过实际接触或碰撞来产生影响。
举个例子，一个桌球撞击另一个桌球时，另一个桌球就开始运动。 31
而思维没有空间属性，无法与实际的物体接触和碰撞。那么，思维活动是如何让身体运动的？身体的运动又是如何影响思维活动的？大脑产生了认知和想法，脑中的想法促使胳膊拿起了电话，如果思维与大脑无法碰撞和接触，那么这个过程又是什么呢？

还有个问题。大脑是实际存在的，有其自身的物理活动。既然物理学定律适用于一切实际存在的物体，大脑当然也不例外。为何抬起了胳膊？无非是大脑活动和肌肉伸缩的结果。你想把这本书推荐给朋友们，于是抬起胳膊去拿电话——但促使你抬起胳膊的是运转的大脑，不是你的想法。可是，你的想法在其中究竟起到了什么作用？在这个唯物的世界里，**任何事**都可以用物理学解释清楚，我们的想法反而是那么无力，好似无法起到任何作用。

这真是玄妙而神秘。

现在，有人要抬起胳膊打电话吗？

相关章节：4，18，37

14
非理性即理性

有两个盒子，你可以选择要两个盒子或只选第二个盒子。第 32
一个盒子里有一百美元，第二个盒子则有两种可能，一百万美元或是空空如也，这要看预言家如何安排。如果预言家判定你只选第二个盒子，她就把一百万美元放进去，但如果她认为你会两个盒子都选，第二个盒子她什么也不放。预言家拂袖而去，留下人们做抉择。而数以亿计的人都没能逃过预言家的法眼。

这种情况下，理性的做法是什么？

如果她能准确预判**你的**选择，确定你选择第二个盒子的话，她会把一百万美元放进去，你就有了一百万美元；你选择两个盒子的话，她空下第二个盒子，你就只有第一个盒子的一百美元。如此看来，理性的做法是只选择第二个盒子。

但从另一个角度看，第二个盒子可能藏着一百万美元，也可能 33
什么也没有；如果盒子里什么也没有的话，你最好两个盒子都要，这样起码还有一百美元；如果盒子里有一百万美元，最好还是两个盒子都要，这样你就拿到了一百万**外加**一百美元。如此看来，理性的做法是两个盒子都选！

究竟要如何选择？

既然预言家已经准确预判了数以亿计的人的行为，你基本上也就不可能成为例外，但你逃过法眼的可能性也是有的。而上文中我们已按严密逻辑推理出了最理性的做法，严密的逻辑是不会错的。如此看来，一个不是没有可能，一个是绝对**不可能**，理性的做法一定是选择后者。

于是，按照理性的原则，你选择要两个盒子。而预言家的预言依然是对的，留下了空空如也的第二个盒子。你拿着一百美元灰溜溜地回家了，心里想着，起码我做了理性的选择。

莫非理性的做法其实是非理性的？

相关章节：11，46

15 玫瑰换个名字就不是玫瑰了

猜一猜，如果把小狗的尾巴称作“脚”，那小狗一共有几只 34
脚？这个谜题起码有三个答案。五只脚：四只脚外加叫“脚”的尾巴。一只脚：如果尾巴叫“脚”的话，那小狗只有一只这样的脚。四只脚：叫尾巴“脚”也不能把尾巴变成脚，所以还是四只脚。哪个答案才是正确的？其实正确与否还需要具体看“脚”指的是什么。就这个谜题而言，“脚”具体指什么都可以。

直呼事物的名字时，你具体是指什么？

有时我们提到一件事，会直接描述，比如，写了《哈姆雷特》的那家伙。有时我们直呼其名，但说的还是同一件事，比如，莎士
比亚。其中的区别在于直呼其名不必对事物进行描述。于是，问题 35
有了答案：名字指的就是被命名的事物。

现在看这句话：“圣诞老人不存在。”真让人难过，我知道，但这是事实。既然这句话没错，圣诞老人就不存在于这个世界上，那么“圣诞老人”这个名字就没有意义，指向一片虚无，这句话也

没有任何意义。既然这句话没有意义，那这句话怎么会没错呢？真是矛盾。

看来我们需要新的答案。

名字的意义必须，换句话说，是**其他**能够被指代的事物。这样的话，就算没有那个乐呵呵的老头，“圣诞老人”这个名字也是有意义的。当然，如果名字的意义**不是**被命名的事物，我们很难说清楚名字的意义到底是什么。但从严密的逻辑上讲，“名字指代被命名的事物”这句话是站不住脚的，哦不，是站不住尾巴的。

相关章节：6，25，35，47

16
伸进水桶的两只手

妻子和我常常为一件事作斗争：开空调。趁她不注意，我把温 36
度调低点；趁我不注意，她把温度调高点。最近，我们的斗争又上
了新台阶。趁她不注意，我给空调上了锁；而趁我不注意，她给大
门换了锁。现在我常被关在大门外，半裸身子围着屋子晃悠。

要是妻子以为室温很高，超过 70ºF[1] 了该有多好，这样我就可以拿出温度计，以胜利者的姿态告诉她是她错了。而现实是我们都知道室温是 70ºF，**只不过 70ºF 到底是冷是热**，我们争论不休，难分对错。

试想一个实验吧。一只手伸进冰箱，另一只手伸进炉子，再把
两只手放入常温的水桶里，会是什么感觉？毫无疑问，曾伸进冰箱 37
的那只手会觉得水热乎乎的，而伸进炉子的手则会觉得凉丝丝的。
问题来了：水**本身**到底是热还是凉？

---

① 70ºF 约为 21ºC。——译者注

答案不可能是同时又热又凉。水没有变化，而热和凉是正相反的属性，互不兼容。我们也不能说水更热或是更凉。毕竟，两只手的感知一样敏锐，说哪只手的感知是正确或错误的都是武断、不负责任的。

我们应当说，水**既不冷也不**热。冷热不是水的属性，而是人感知到的。水温也许是 70ºF，但这个温度既不冷也不热。冷热是我们的感觉，而感觉不分对错。

也许我的妻子可以再多穿一点？

相关章节：4，9，30，42，52

17

上帝能烤出烫得下不了嘴的墨西哥卷吗?

这个问题出自动画片《辛普森一家》中的霍默·辛普森之口, 38
别看是动画角色,也是富有哲思呢。虽然霍默·辛普森算不上严肃思考的典范,但对于理性思考的人来说,他提出的问题是个不折不扣的难题。毕竟,上帝的首要属性是,上帝无所不能。没有什么是上帝做不了的,而霍默·辛普森的问题直击要害。这个问题还有一个更严肃的版本:

上帝可以创造出连他也举不起来的巨石吗?

答案只能有两种:可以,或者不可以。

假设我们回答不可以,那上帝就不是全知全能的——他创造不出这样的石头。既然这件事他做不了,他就不是无所不能的。

那么,我们假设答案是可以,上帝可以创造出一块连他自己也 39
举不起来的石头。这就说明上帝还是有不能做的事——他不能举起这块石头。既然这件事他做不了,他依然不是无所不能的。

有些人无法面对这个结论，坚称上帝绝对不会选择创造这样的石头，既然不做这件事，就不能说他没有能力做这件事。这样的论据行不通。有选择性的全知全能是不够的，全知全能意味着世界上不存在任何上帝做不了的事，就算有一丝做不了的**可能性**，也是不行的。如果上帝可以创造出这样的石头，即便他选择不去做这件事，也依然存在他无法举起石头的可能。

这个问题只能有“可以”或者“不可以”两个答案，两个答案殊途同归，引向同一个结论——没有全知全能这种事。如果上帝是全知全能的，那么就没有上帝。

喔！真是个烫手的墨西哥卷！

相关章节：7、26、36、43、57、59

18

外科主任警示：任何事引发任何事

老烟民患肺癌离世。他的家人说，吸烟是致癌的元凶；医生 40
说，死者肺部过于脆弱导致患癌；而收买了医生的烟草公司把所有原因总结一遍，唯独不提吸烟的危害。那么，谁的答案是对的？

他们都对，也都不对。

举个简单的例子：划火柴，火柴点着了。一般我们会说，划火柴这个动作引发了点着火柴这个结果。但事实上，除了划火柴这个动作，点着火柴还有很多其他的必要条件。比如说，火柴头必须涂有适当的可燃物，火柴要用易燃的木头制作而成，点燃火柴必须要有氧气，等等。划火柴的火柴盒也同样重要——如果在黄油上、水
上或者你的鼻头上划火柴，火柴是不会点着的。从根本上看，我们 41
必须归纳出其中的物理和化学原理以说明如何制作火柴以及如何划火柴，火柴才会点着。

但是，把火柴能够点着归因于**这些因素**还远远不够。划火柴时，总不能有大风呼呼地吹吧？不能下着大雨或在淋浴房里淋浴

吧？更不能遇上地震把火柴埋在废墟里，也不能遇上不相容气体。同样重要的是，在划火柴前，不能有其他点着的火柴、打火机或是喷火龙飞过来先于你点燃它。划火柴时，火柴不能突然自行消失，也不能遇上上帝创造奇迹来阻止你点燃它。

总而言之，我们不能简单地把点燃火柴归因于划火柴这个动作。还是这样说吧：点着火柴或多或少归因于存世的任何事，**也或多或少归因于**碰巧不存在的任何事。

该道理也适用于上文关于肺癌的争论，想必烟草公司听到这里会乐开了花。

真奇怪，为什么烟草公司从来不请哲学家为他们摇旗呐喊。

相关章节：13，37

19
大开眼界

众所周知，人类是个矛盾体。我们的身体是物质的，但我们还 42
有精神世界，有意识、思想和认知。有人坚称人类就是物质的，我
们的大脑和大脑活动也是物质的，不存在精神这一面。毕竟，精神
和思维太神秘，和现今发达的脑科学格格不入。现在让我们试着对
这种说法予以反击。

假设有个叫玛丽的姑娘，从小生活在一个封闭的只有黑白两种
颜色的地方。生活虽说单调，玛丽依然设法接受了一流的教育，并
投身对人脑的科学研究，当然，她的课本是黑白色的，电视里放的
讲座也是黑白色的。这个故事发生在遥远的未来，那时的脑科学已
经相当完善。玛丽学到了与脑科学相关的所有知识，对大脑及其运 43
行机制了如指掌：脑细胞怎么活动，如何与眼睛等感觉器官连接，
眼球受到光刺激时大脑如何运作，等等。人看到了颜色，比如红
色，其引发的脑部物理活动她都清清楚楚。当然，尽管如此，她本
人从没有看见过红色。

终于有一天，她获准离开了封闭的房间，此生第一次看到了红

色。“真该死，我本该看到多少精彩的东西！”她惊叫道，“真是**太棒了**！”玛丽此时终于学到了，红色是什么样子，以及看到红色人会有什么反应。

等一下，如果玛丽已经学到了关于感知等的所有脑科学的知识，知晓所有脑部的物理活动，她怎么会学到新的东西？按照严密的逻辑推理，她学到的新知识一定不是物质层面的东西。

精神和思维也许太过神秘，但我们人类，终究不仅仅只有物质那一面。

相关章节：4，11，22，48，50

20
选择即错误

你看到五个孩子在铁轨上嬉戏，孩子们玩得很开心，都没有注意到一列火车正向他们驶来。幸运的是，他们的正前方是铁轨的岔道口，而你就站在扳道器前。只要你轻轻按一下按钮，火车就会转向，孩子们也就获救了。但是，你突然发现另一条岔道上也有一个孩子在独自玩耍。难题来了：选择什么都不做，就是杀了那五个孩子，而选择按下按钮，你救了那五个孩子，但同时也亲手杀了那个无辜的孩子。你该怎么做？ 44

尽管问题让人陷入难以回避的痛苦，但很多人认为答案显而易见：正确的做法是，两害相权取其轻，牺牲少数人的利益来使更多人获救。

现在我们来看另一个场景。你是个儿科大夫。五个孩子分别患有心脏、肾脏、肺部等器官衰竭的病症，即将不久于人世。这时你注意到医院的空地上有个健康的孩子在独自玩耍，你碰巧还知道她和那五个孩子的血型匹配。科技已经足够发达，可以进行器官移植，你也可以抓来那个独自玩耍的孩子，摘取她的器官分别移植给 45

那五个孩子，五个孩子就能获救了。选择什么都不做就是任由那五个孩子死去，选择抓来那个孩子就是亲手杀掉她，从而救了五个孩子。你该怎么做？

尽管这个问题同样让人痛苦，但很多人认为答案也是显而易见的：正确的做法是，放过那个独自玩耍的孩子，任由那五个孩子因病离世。

两种情形相似，答案却大相径庭。这是因为人们的道德信仰极度混乱吗？还是道德本身，就是混乱的——无论你怎么选择，都是错的？

相关章节：5，12，39，54

21

故事纯属虚构，眼泪却是真的

我是个爱哭鬼，无论看书还是看电影，总少不了流眼泪。看 46
到詹姆斯·史都华扮演的乔治恳求天使别让他离开人世时（《生活多美好》电影片段），我大声痛哭。当野兽再次见到贝尔，吃惊地喃喃道“你回来了，贝尔，你回来了”时（《美女与野兽》电影片段），我坐在影院里，无法抑制住自己响亮而难为情的呜咽。亨弗莱·鲍嘉饰演的里克把英格丽·褒曼饰演的旧情人伊尔莎送上飞机时（《卡萨布兰卡》电影片段），我该怎么办？多预备几张纸巾总是好的。

我对此很不解。这些欢乐和忧愁不属于我，甚至是虚构的，我为什么会如何动容？

有一种说法是，我们沉浸在电影里，会忘记自己在看电影。这种说法我不能苟同。我在家用 DVD 放电影，有时起身打个电话，回来继续看电影，一点没耽误我继续哭下去。涕泗横流时我还不忘大嚼爆米花。很显然，生活中有了伤心事，我决不会这么
做。同样，我看《侏罗纪公园》时怕得要命，但决不会尖叫着跑 47

出电影院。如果我沉浸其中，以为那些食人恐龙是真的，我早撒腿就跑了。

还有一种说法是，我们出于移情和同情的作用，受到了触动。这倒是可以理解，毕竟，我看到晚间新闻里的悲惨故事也禁不住哭起来。但问题似乎依然存在：我通过看电视感受到的痛苦，并不是**我的痛苦**。新闻报导的悲惨事件，并没有发生在我身上，我的生活里也没有发生过任何类似的事情。这种说法只能说明我**确实**受到了触动，但并没有解释我**为什么**会受到触动。

既然这个说法解释不了我为何因为新闻里的事情痛哭，就更无法解释为何我看虚构的故事也会哭了。

故事纯属虚构，什么也没有发生。鲍嘉送褒曼上了飞机，但事实上没有人真的上了飞机；美女贝尔回到野兽身边，但没有谁真的回来了。不知为何，这并没有耽误我用眼泪打湿一盒又一盒的纸巾。

22
你不是你吃的食物

你咬一口汉堡，咽了下去。这一口汉堡里含有氢、氧、碳等各类原子；而这些原子原本来自遥远的星球，在星球剧变爆炸后散落到宇宙的各个角落。它们即将成为你身体的一部分，因此也可以说，你身体的一部分来自一颗星星。（你母亲总**说**，你是天上闪耀的星。她终于说对了一次。） 48

稍等一下：即将成为谁的一部分？

俗语说，人吃什么，就是什么。也就是说，你是由一群分子组成的。问题来了。组成你身体的分子是不断变化的。每分每秒，你都在呼吸，呼气和出汗会让身体流失很多分子，吸气和吃饭会增加新的分子，所以，现在的你和刚才刚开始读这篇文字的你不一样了。可见，你不止是组成你身体的分子。

事实上，人体的分子每隔七年会彻底更新一遍。如果说人是由一群分子组成的，那么七年前的你**不止**和现在的你不同，你们简直算是**完全**不同的两个人了。往好的方面想，你终于可以和以前那 49

个失败的自己说拜拜了；但往另一面想，既然你和过去的你是两个人，你凭什么取**他**账户里的钱呢？

假设七年前组成你身体的分子重新聚合在一起。如果说人是由一群分子组成的，这个重新聚合的分子也是你，只不过比现在的你更年轻。这样的话，世界上就有了两个你，真是太奇怪了——想想你们该如何争辩谁更有资格来取账户里的钱吧。

我吃东西向来不讲究，才不去吃什么全麦有机食物，我就吃加工食品。对我来说，只要是加糖的都好吃，糖就更不用说了。我内心的哲学家并不清楚我究竟是谁或是由什么组成，但只要知道我们不仅仅是吃进去的食物，他总算是能舒一口气了。

相关章节：4，8，19，32，41，50，57

23
魔鬼的教唆

创世伊始，人类就有了托辞。亚当归咎于夏娃，夏娃归咎于 50
蛇，从此开启了人类的历史。其中魔鬼的作用很突出，毕竟他最乐于让人不守规矩。他行事诡秘，但有迹可循，给了那些想推脱责任的恶人以可乘之机。

魔鬼起了很大的作用，其隐含的意思是，你受魔鬼驱使做了坏事，就不必为此承担道义上的责任。除了被迫做这件事，你无法做任何其他事，因此在道义上这并非你的责任。毕竟，你做坏事可能是受到了魔鬼的诱惑，他让你毫无反抗能力，失去了选择权，同时也让你免于道义上的责任。

但是，这个逻辑正确吗？即便你为魔鬼所迫做了坏事，你在道义上究竟**是否**也应该承担责任？

假设弗雷德打算谋杀弗雷德里克。这种邪恶的念头**正得**魔鬼的 51
心，魔鬼决定无论如何也要让弗雷德付诸行动。他细细聆听弗雷德脑中的想法。如果弗雷德心意已决，准备行动，魔鬼便静立一旁，默默等待就好。如果魔鬼发现弗雷德放弃了谋杀的计划，那么魔鬼就立马钻进他的脑子拨弄一番，直到他改变自己的想法。这样一来，弗雷德除了干掉弗雷德里克，别无他法，无论魔鬼是静是动，弗雷德里克都死定了。

现在，假定弗雷德经过一番思考，最终决定施行内心的罪恶：永别了，弗雷德里克。鉴于魔鬼并未插手，我们显然会判定弗雷德要承担道义上的责任。谋杀是他自己的决定，没有人加以干涉。但这没有改变上文的推断——弗雷德无法做任何其他选择，他最终总会谋杀弗雷德里克。也就是说，他无法做出另一个选择，同时，他也必须为弗雷德里克的死负道义上的责任。由此看来，受魔鬼所迫做坏事不必承担道义责任，这种说法就说不通了。

话说回来，世上真的会有人强迫你做坏事，还让你**永远**免于道义上的谴责吗？

相关章节：5，10，34，43，53

24
网络情缘

我和妻子相识于网络。我内心的哲学家和她内心的哲学家非常合拍，剩下的事，按照俗语所说，就水到渠成了。我对促成好事的网络程序心存感激，但当我想送花给网络程序表示感谢时，花店老板拒绝了我。“程序又不是人，”他坚持道，“程序才不会收你的花。” 52

真是不开明！

那么，我们可以把电脑编程为人，使其拥有人类的思维吗？想回答这个问题，我们必须先了解思维是什么。但问题又来了：我们只了解自己的思维，对其他人的思维和内心世界一无所知，怎么能够**判定**《星球大战》里的 R2D2 机器人是我们人类的一员，还是只是比空调要复杂一点的物件呢？

只有一个办法，观其行。假设有一部电脑连接到机器人身上，可以从容不迫地走过凌乱的屋子，无障碍地和人交谈并且明白事理，你根本察觉不到**任何**它与常人有异的地方。我们可以把这部电 53

脑称为人吗？

我们大多会倾向说，不，他只是**看上去**有人类的思维而已。但是，如果你判定上文所说的机器人没有人类的思维，那看看你周围的其他人类吧。是什么让你判定他们有人类的思维，而同他们行为一致的机器人没有人类的思维？

其实，人类也是按照大脑的硬件运行的，只不过程序更为复杂。如果有一天我发现我的妻子身体里装有大量集成电路，那又会怎么样呢？我的妻子还是那个计算小费神速的女人，她总能帮我挑出拼写错误，还特别善于发现廉价的飞机票。每当我送花给她，她那棕色的深邃迷人的双眼，哦，不，她的两只视觉探测器，总会闪烁着熠熠光芒。

对我来说，这就足够了。

相关章节：4，55

25
“这要看‘是’是什么意思”

哲学家、律师、发言人以及在听证会上说出标题中这句著名 54
言论的美国前总统，他们都在同一个方面臭名昭著：善于玩文字游戏。虽说臭名昭著，我们也不该怪罪他们或是他们内心的哲学家。我们应该归咎于英语这门语言，是英语让他们的文字游戏成为可能。

英语和所有其他语言一样，简直乱成一团。它模糊、不明确，经常前后不一致，其中最基础的词之一“is”也是最含混不清、让人糊涂的。有时“is”指现在时，比如，弗雷德正在吃饭（Fred is eating now），“is”意为“正在”。有时“is”指未来，比如，弗雷德晚些时候会来（Fred is coming later），“is”意为“会”“即将”。但有时，“is”没有时态。举个例子，数字 3 是奇数（The number 3 is odd），以及“Is”这个词就是一团糟（“Is,” simply, is a mess），这里的“is”都意为“是”。

即便我们只看“is”这个词的现在时含义，情况也没有好到哪 55
里去。请看以下几句话：

弗雷德是红色的。(Fred is red.)

弗雷德是铅做的。(Fred is lead.)

弗雷德是泰德。(Fred is Ted.)

是弗雷德。(Fred is.)

第一句，弗雷德是红色的，红色是弗雷德的属性。(也许是弗雷德脸红了。)

第二句，弗雷德是铅做的，意思是他是用铅这种材料做的——也许“弗雷德”是一个雕像的名字——毕竟，我们决不会把会脸红的活人弗雷德说成是“用红色做的”。

第三句，弗雷德是泰德，意为我们把弗雷德**认作**泰德，也就是弗雷德和泰德其实是同一个人（另一个名字或许是他出轨时编出来的也说不定）。但我们不会把名叫“弗雷德”的雕像认作是铅。毕竟，世界上用铅做的东西太多了，大多和弗雷德这个名字没什么关系。

最后一句，当我们说，“是弗雷德”，我们并没有指出他的属性、他是用什么做的，或者他和谁一样。我们只是说，弗雷德这个人是存在的。

可见，“is”这个词的用法多种多样，很有难度。所以，不要去责怪和控诉哲学家、律师、发言人还有那位（集哲学家、律师和发言人几个身份于一身的）美国前总统了，还是去控诉英语这门语言吧。

相关章节：6，15，35，47

26
上帝十诫

如果你信奉上帝，你应该会坚信是上帝创造了万物。如果你崇 56
尚道德，你应该会判定一些行为符合道德，另一些行为则相反。如
果你既信奉上帝又崇尚道德，你应该会认为是上帝创造了道德。

等等，别急着下结论。

假定上帝“创造道德”指的是他颁布了著名的十条戒律，我们来思考一下：上帝颁布十诫是因为这十条戒律是正确的，还是这十条戒律因为是上帝所颁布的所以变得正确了？

我们假定答案是前者，上帝颁布十诫是因为这十条戒律是正确
的。那么我们必须正视一个事实——十诫的正确性在**先**，上帝颁布
十诫的行为在**后**，可见上帝的身份并不是十诫正确的原因。十诫本 57
身就是正确的，上帝仅仅是颁布了十诫，他并没有创造十诫，**创造**
道德。

那么我们假定答案是后者。“孝敬父母”之所以正确，是因为上帝告诉你要孝敬父母。其正确性来自上帝，是上帝的旨意让这条

戒律变得正确。现在我们面临另一个难题：**为什么**上帝告诉我们要做这些，而非其他？上帝有其自由意志，他也可以说"不要**孝敬**你的父母"。莫非上帝是随意告诉我们要做什么和不要做什么吗？

不，真正的道德绝不是随意的。上帝命令我们，要孝敬父母，不可杀人，其中必有原因。而其中的原因就是，孝敬父母和不可杀人是正确的事，所以上帝才会颁布十诫。这样一来，我们又回到了第一个答案，也就是说，道德并不是上帝创造的。

可见，如果你崇尚道德，就不能认为是上帝创造了万物。

相关章节：5，7，12，17，36，43，57，59

27
香草布丁是好是坏，不尝不知[①]

我酷爱香草布丁，而我内心的哲学家则酷爱论证是非对错。遗 58
憾的是，香草布丁易得，而论证是非难求。

首先，证据由什么构成？证据大概源自科学。比如，科学家提出一个理论，根据这个理论，她完成特定的实验后，会得到特定的结果。于是她开始做实验，如果得到了预想的结果，理论就被证实了，如果没有得到预想的结果，理论就无法被证实。

但事情并没有这么简单。

事实上，很多谬论存世良久，就是因为人们得到了预想的实验结果。如果你有幸得到了预判的结果，别着急，它很可能并不足以
证明你的理论。如果未能得到预想的实验结果，也别着急，它未必 59
能**否定**你的推断。也许是你对结果的计算有误，也许是实验仪器出

① 原文为 The proof is in the (Vanilla) Pudding，为西方谚语，意为香草布丁是好是坏，不尝不知。可理解为实践出真知。——译者注

了问题，抑或是有未知的因素干扰了实验结果。

因此，实验并不能**证明**什么。我们只能说，实验越充分就能提供越多的**证据**来证明或反驳一个特定的理论。

这种说法虽然严谨，但依然存在问题。

假设你提出一个理论："乌鸦都是黑色的。"看到的黑色乌鸦越多，你就对这个理论越笃信。但只要看到一只不是黑色的乌鸦，你就得放弃这个理论了。细想一下，其实"乌鸦都是黑色的"这个理论的意义相当于"所有不是黑色的事物都不是乌鸦"。既然这两个命题意义相当，证明其中一个的证据也就可以用在另一个身上。

问题来了。如果黑色的乌鸦可以证明"乌鸦都是黑色的"，那么，既不是黑色的也不是乌鸦的事物，比如香草布丁，就可以证明"所有不是黑色的事物都不是乌鸦"。既然两个命题意义相当，证据可以互用，那么香草布丁也可以用来证明"乌鸦都是黑色的"！

是哪里出错了呢？

相关章节：11，38，44

28
世界不只是世间万物

标题听起来很矛盾，不过我们已经知道内心的哲学家会怎么说了：既矛盾又不矛盾。 60

世间所有存在的事物，都是真实的事物。真实的事物就是世间实际存在的事物。我写下这篇文章时，我是真实存在的，伦敦也是，数字 3 也是，还有很多其他东西也是。但是，并非所有实际存在的事物都是相似的。没错，你读到我写的这篇文章时，你是真实存在于这个世界的，但是，你并非**一定会**存在于世，毕竟世界上有那么多可能发生的情况，你本来有可能是**不**存在的。比如宇宙大爆炸从未发生过，比如地球上从未萌发生命，比如你的母亲当年在受孕时恰巧**没**打嗝。尽管这些情况都不存在，但它们是**有可能**存在的；如果这些情况出现了，你就**不会**出现了。可见，你的存在是“偶然的”。很多因素促成了你存在于世的事实，但这些因素并非一定会存在。

相较之下，数字 3 就不一样了。它不是人们凭空创造的，不是怀孕生出来的或是制作出来的。无论发生何种情况，数字 3 都会存 61

在，因此，它的存在并非偶然，而是**必然**。

这样一来，世界上真实存在的事物可分为偶然存在和必然存在。但这还不够，毕竟不是所有事物都是实际存在的。

你的存在是偶然的。有很多因素本可以导致你不存在，或者会有其他人或事物占据你的位置。如果确实存在其他的可能性，**这些可能性也要包含在这个世界里**，世间的事物就要比实际存在的事物多得多。

让我们这样思考：只把世间实际存在的事物列出一个单子，并不能全面完整地描述这个世界；这样做会忽略掉世间其他**本可能**存在的东西，而这些其他的可能性也是世界真实的一面。这也是为什么我们说世界包含了其他的可能性的原因。

因此，世间的事物有实际存在的，**也**有可能存在的，世界不只是世间实际存在的事物。

相关章节：8

29
一切都是相对的

哲学家们总有不同的意见。不过话说回来，人都是如此。想想 62
那些苦于战乱的国家、没完没了的庭审你就知道了，就连孩子们也会因为玩游戏争论起来。因此，人们在道德上的争论就没什么稀奇的了。

我们的这个世界在道德规范上有太多分歧了。在一些文化里，包办婚姻、镇压持不同政见者以及妇女地位低男人一等并没有什么问题。但在西方社会，这些都成了错误的做法。有些文化要求给女孩子行割礼，而西方世界把割礼命名为“女性生殖器阉割”，这个名字就反映出了西方人对割礼的态度。与此同时，对一些文化而言，西方文化也有地方让人难以接受，比如注重物质和消费，强调个人利益，以及衣着不够正派等等。

我们要如何看待这些分歧？面对世界上不同文化在道德上的巨 63
大鸿沟和争论，我们能分辨出孰对孰错吗？

我内心的哲学家认为，道德与科学类的事物完全不同。科学类的事物独立于人类存在，亟须人类去探索和发现，所以，不同的文化对科学的接受程度是基本相同的。道德正相反，道德不是人类发现的科学，而是人类创造的产物，受制于不同的群体、时代和地域。和任何发明创造一样，道德完全倚仗人类来决定相应规则的去留。因此，不同的文化创建了他们自己的道德体系，只有处在他们文化中的人才有权评鉴其优劣。同理，我们也无权去评判其他文化的道德体系。

说到这里，面对不同文化在道德上的分歧，究竟谁能做评判呢？答案是，任何人都可以，任何人都不可以。任何人都可以评判自己所处的文化中的道德观念，但任何人都无权评判其他文化的道德体系。

相关章节：5，12，54，58

30
眼见不为实

人们常说，考虑事情要清醒，要充分利用感官。但我内心的哲学家认为，我们要小心感官的力量。 64

就说视觉这一种感觉吧，我们一直受到视觉的蛊惑：方形的塔楼从远处看像是圆形的；床单看上去洁白无瑕，但上面的尘螨多得让你不敢想象；地平线上的月亮看上去比穹顶的月亮大多了，但月亮还是那个月亮；笔直的小棍放在水里看上去像是折弯了；天空看上去是蓝色的，但每一个气体分子都不是蓝色的；好似看到有东西飞过电影幕布，其实看到的只是一系列飞速移动的静止图片；花了整整一个月的薪水买到的樱桃木餐桌，桌面坚实细腻，但和所有原子一样，组成它的每个原子都是中空的。唉，真叫人郁闷！

所谓的眼见为实，实则不实。我们自身的感知是一直变化的， 65
我们甚至找不到一个基准点来确定什么样的感知是“真实”的。举个例子，针对上文提到的笔直的小棍这个说法，我也要好好斟酌，不该贸然说小棍是笔直的。“笔直”是我运用感官得来的结论，而感官是可疑的、相互矛盾的。我们应该说，从视觉上看，小棍**看起**

来是弯的；但从触觉上说，小棍在水下**摸起来**依然是直的。“真实”无从说起，我们只能说，在不同的特定情况下，事情看起来是什么样子。

更重要的是，如果我们要说视觉感知准确无误，和实际事物完全一致，就必须把感知和实际事物做对比。但是，这要我们怎么做呢？我们观察事物，每多看一眼，都只是多了一次视觉体验，并没有触及事物本身。

眼见不为实。以后再有人说，清醒一下，多用你的感官，你要说，不！

相关章节：3，4，9，11，16，33，42，52，56

31
数字难题

儿童剧《芝麻街》有一集，葛罗弗用积木学会了一加一等于 66
二。但看到橙子时，葛罗弗哭了起来——他只知道如何用积木相加，橙子难倒了他。

这个有趣的小短剧揭示了数字的大问题。

其中的幽默在于，如果葛罗弗学会了用积木相加，用橙子做加法按理也不会有问题。这个推断如何得来？我们通常认为数字也是物体的属性，如果一只橙子算“一个”，一块积木也算“一个”，那么只要掌握了其中一个，另一个也不成问题。

问题来了。物体本身就有数字属性吗？

想象有辆汽车在你眼前，这辆车本身自带数字属性的话，它是数字几呢？也许，我们可以说，这是一辆捷豹汽车。同时，我们还可以说，这是四千个零部件（有轮胎、引擎、方向盘等等），是
八千亿分子，是八亿亿原子，更是数不尽的基础粒子。那么，它到 67
底是数字几呢？把它看作汽车的话，它就是一辆汽车，把它看作一

堆零件，它就是四千个零件。有不同的思路，就有不同的数字；具体的数字不只看物体，还要看你如何**看待**这个物体。

数字只存在于人的思维里吗？毕竟，只要动动脑子，你就知道一加一等于二。我们对自己的数理能力格外自信，就算现实与其不符也没有让我们动摇。比如，两朵云彩汇聚在一起，变成了一片更大的云彩，即，一朵云彩 + 一朵云彩 = 一朵云彩。这能否证明一加一不等于二？当然不能。可是，**为什么**不能呢？原因就在于，我们脑中的数字**其实**并不适用于云彩或世界上任何其他的事物。

这样看来，葛罗弗不会用橙子做加法并没有什么好吃惊的。葛罗弗，以及世上的任何人一开始就会用积木相加，这才是让人吃惊的地方。

相关章节：4，8，56，57

32
老样子

每天的生活都是一样的：起床，穿衣，上班。生活的每一天几乎都是老样子。每天发生的事情是老样子，度过的每一天也是老样子，所以，每一天都是**老样子**的老样子。 68

等等，何以说每一天发生的事情都是老样子？

昨天你刷了刷牙，上下刷六下，左右刷六下。今天还是“老样子”。但是，刷牙的动作有很多不同：一次在周二，一次在周三；周二比周三那天刷得快一些。既然有很多不同，何以说还是“老样子”？

其实，两件事物怎么**会**一样？如果两件事物一样，它们就是同一件事物，即只存在一件事物。**两件**不同的事物一样，这种说法根本说不通。

又比如看见两只一模一样的番茄酱罐子，我们一般会不假思索地说，这两个罐子一样。但如果“一样”指的是同一件事物，**两只**不同的罐子怎么会是一件事物呢？ 69

也许，“两只罐子一样”指的是属性相同，比如相同的大小、形状和颜色等等。我们又碰到了相同的问题：这只罐子是这种红色，那只罐子是那种红色，这两种红色的属性怎么会一样？有时我们也会说，两只罐子共享同一种属性。人可以共享房子、名字，甚至同一个肾，共享的前提是大家都可以接触到同一件东西。如果说两只罐子共享红色的属性，那么红色的属性就是两只罐子接触到的同一件事物？这怎么可能？两只罐子可以分别放在不同的地方，相距几英里甚至两个大洲，但同一件事物，相同的红色属性，怎么能分属两只相距甚远的罐子上呢？

我们难以想象不同的事物“一样”或是“老样子”。所以说，每一天都是老样子——每一天都是那么不一样。

相关章节：8，22，41，50

33
我看不到千里之外

对，我确实看不到千里之外，我也看不到公里之外，几米之 70
外，或是英尺之外，英寸之外。事实上，我看不到任何距离。

假设你正坐在办公室里，眼睛紧盯着杰西。你能看到她离你有多远——大概十米远；她注意到你死死地盯着她，开始慢慢往后退，离你越来越远。但从严格意义上讲，你“看到”的只是视网膜接收到的信号，视网膜这个眼后部的薄膜组织是你接收并发送视觉信息给大脑的唯一路径。你和杰西之间的距离是杰西到你的眼球组织的直线距离，也就是光线从杰西的位置射到你眼睛里的距离。问题来了：你的眼睛接收到的只是光线的“终点”。光线的终点触发
了视网膜的感应系统，但视网膜并不知道光线从杰西的位置到视网 71
膜之间有多远。因此，你无法“看到”杰西离你有多远。

现在杰西离你有十五米远，并且离你越来越远。

事情更糟了。如前所说，你只能通过视网膜接收到的图像信息看到事物。现在，同样的图像事物（也就是杰西）不管多远都能

发送图像讯息给视网膜。举个例子，月亮在你的视网膜上呈现特定的大小和形状，所以你看到了月亮，但月亮这种特定的图像也可以由一个离你眼睛近的、小小的圆圆的事物，或是一个离你稍远、中等大小的事物，抑或是一个离你很远但尺寸很大的事物呈现在你的视网膜上。图像本身并没有透露事物离你有多远，你根本看不到距离。

现在，你还在紧盯着杰西，而杰西离你有二十米远了，神色不安，正要拿起手机报警。但如果你没有看到这些，你是怎么知道这些的呢？

相关章节：11，30，56

34
假如今年只读一本书……

假如你收到一本书，名叫《你的人生》。开篇第一章从你出生 72
和周岁讲起，事无巨细。同所有优秀的传记一样，书里记录的全是你人生中真实发生的事情，绝无虚构。然后，你发现接下来的几个章节（当然，章节越多越好）记录着你的未来。

我们假设，哎呀，你看到未来有可怕的事情即将发生：在一个周六的夜晚，你八点四十五分上了车，九点零五分接上了你的爱人，九点二十三分在宽街和詹姆士街的十字路口撞车，爱人当场死亡。看到这样的信息，你显然会尽全力避免这样的结果发生。首先，你不会上车。等等——书里只会记录真实发生的事情，因此，不知怎的，你一定会上车。其次，你一定不会去接你的爱人。但既
然书里说你会去接她，尽管你拼尽全力不去做这件事，你也一定会 73
去的。这真是太奇怪了！你想说：“别上车！”但你听到自己说：“快上车，亲爱的！”接着，你试图绕过出事故的十字路口，但再一次失败了。有种神秘的力量迫使你转动方向盘，驶向致命的路口。九点二十三分，另一辆车闯了红灯向你们冲过来……

这简直难以置信。除非有神秘力量强迫你违背自己的意志，否则不会有这样的事情发生。但谁会相信有这种神秘力量呢？更容易接受的版本应该是这样：你有能力且会不遗余力地避免预言的事情发生。

但别忘了这一点：所有不可置信的事情都基于一个假设条件，即这本书精准地记录了你的未来。如果基于假设发生的事情是不可置信的，这个假设一定是错误的。任何人任何事都不可能准确预知你的未来。没错，甚至上帝也无法预知你的未来，同时提前向你娓娓道来。

那么，这是为什么呢？因为只要提前让你知道未来将要发生的坏事，你一定会而且有能力去避开。

其中原因在于，生而为人，你享有自由意志。

相关章节：10，23，43，53

35

莎士比亚著——或其他什么人著

和所有词语一样，名字也是有含义的。我们会很自然地认为， 74
名字的含义即名字指代的事物。但在前面的章节里，我们已经讨论过，这个说法是不成立的。现在，我们亟须找出正确的说法。

如果有人问，莎士比亚指的是谁？你也许会用描述性的语言回答，比如，“莎士比亚就是《哈姆雷特》的作者”。这就是我们另一种自然而然想到的说法：名字的含义就是你提到这个名字时用的描述性语句，名字指代的人也就是和这些描述性语句相匹配的人。

听起来很合理。但这种说法依然不成立。如果这种说法成立，对任何人的任何事，我们都永远不可能有任何误判了。

举个例子，假定你坚称“莎士比亚是《哈姆雷特》的作者”， 75
而后这个论述据考证是错的，有个名叫克里斯托弗·马洛的家伙才是《哈姆雷特》的真正作者。马洛被历史遗忘在脑后，便宜了莎士比亚。这样一来，你的描述性语言和盗取荣耀的莎士比亚就不匹配了。然而，根据理论，“莎士比亚”这个名字指的是任何与你的描述性语言相匹配的人，即《哈姆雷特》的作者。而《哈姆雷特》真正的作者是马洛，只有马洛与你的描述性语言相匹配。因此，原本与莎士比亚不匹配的描述性语言，变成了与马洛相匹配的描述性语言，而这个马洛，你压根没有听说过！

一定有哪里不对。

没错，这两条自然而然得来的说法都有哪里出了问题。也许我们该想想，有没有其他不是自然而然得来的说法和理论。不管《哈姆雷特》的作者到底是哪个家伙，我敢说他肯定会同意我的想法。

相关章节：6，15，25，47

36
你怎么还在这儿？

这个嘛，我刚才在这儿，现在还在这儿。 76

当然，问我这个问题的人并没有寻求我的解释，而是在表示，他希望我立马离开。但我的回答既没有解释疑问也没有遂他的愿。

这个问题的深层哲学问题是：是什么让你，或其他任何事（比如我这本书、一辆车、我们的地球）在这一秒存在，下一秒依然存在？至少从理论上讲，任何事物都可能随时归于幻灭。为什么事物依然存在？

没错，上一秒你还在这儿，但这能说明下一秒你依然会在这儿吗？答案似乎是否定的。毕竟，如果你有可能随时会消失，那么你上一秒还在这里，就不意味着下一秒你就**一定**还在这里。因此，我们确实需要解释一下，为什么下一秒你还在这儿。

如果说这是因为有种力量使事物继续存在于世，那就容易了。 77
但这种回答同样说不通，因为这种力量本身也面临着同样的问题！不存在的事物无法对其他事物产生任何影响，也就是说，如果这种力量在下一秒也不存在了，它就无法对其他事物（比如你）施加影响。这种力量一定是持续存在的，上一秒在，下一秒也在。但是，什么事物可以维持着这种神秘力量持续存在呢？

其他和你相去甚远的事物是否可以解释你的存在？答案是，只要这件事物本身有可能消失不见，困扰我们的问题就依然存在。

如果我们真的想说清楚为什么持续地存在于世，似乎还要寻求一种永远**不**会化为虚空的事物。

我上一秒在这儿，下一秒在这儿，再下一秒还在**这儿**——这能说明上帝是存在的吗？

相关章节：7，17，26，43，57，59

37

外科主任撤回警示：任何事没有引发任何事

向两位外科主任询问同一个问题，我们至少能得到两种答案。 78
在第 18 章里我们已经讨论过，任何事引发了任何事。但那是第 18 章的事了。

现在我们依然用当时的例子：划火柴这个动作引发了火柴点着的结果。这个例子说明了一件事引发另一件事的因果关系，说明了前一件事导致或驱使后一件事发生。一旦前一件事发生，后一件事**一定**会随即发生：只有因没有果是**不可能**的。

但事实上，两件事之间一定有这样的因果关系吗？

如果一件事不可能存在，其中就一定存在着矛盾。但是，一个
独立的事件发生，没有引发其他事件，这种情况并没有什么矛盾在 79
其中。举个例子，试着想象划了火柴却没点着火柴的景象还是很容易的——我敢说，你刚刚想象到了这个画面！也许你会反驳说，根据物理和化学的定律，火柴不可能点不着。嗯，那就假定物理定律和现在的定律不同，划了火柴，火柴也有可能点不着了。如果你可

以接受这个假设，并且也能想象划了火柴但没点着火柴的画面，那么只有因没有果也不是不可能。

因此，前一件事没有导致或驱使后一件事发生，换句话说，前一件事没有引发后一件事发生。划火柴的动作没有引发火柴点着的结果，世间的任何事也没有引发其他任何事的发生。

真相，即任何事都没有引发任何事。

那么，事情为什么会发生呢？

相关章节：13，18

38
明天你还爱我吗？

显而易见，答案必须是肯定的。 80

这个问题还隐含了不那么显而易见的问题：此时谈论明天或是未来，你要如何**证实**自己？回想今早你一路走向公交站台，你是那么确信，自己走的每一步，脚下的大地都会予以支撑。为什么那么确信下一步不会突如其来地踩进水坑？毕竟，以往的安宁无法**保证**未来也是如此。但是，你曾迈出上亿次脚步，大地都予以坚实的支撑，未来**很可能**继续如此吧？

想要未来继续如此，我们必须**假定**未来一定会和过去一样。如果未来和过去不一样，这个命题就不成立了。

但首先，你要如何证明这个假设呢？

这个嘛，到目前为止，未来和过去如出一辙。这难道不足以 81
证明未来会继续和过去一样？如果你这样想就错了，你只是又重复了同样的问题，假定未来会和过去一样。**这正是我们试图证明的假设**，你不能靠假定它是正确的来证明它是正确的。这样一来，你无法证明或相信未来会和过去一样——或是不一样。对于未来，过去**没有任何指导意义**。

因此，最好别提明天了。下回有人问你“明天你还爱我吗？”，我建议你还是赶紧跑吧——哦，对了，我们也无法确定迈出的下一步会不会踩进水坑。也许还是待在原地别乱动比较好。哦，对了，我们也无法确定你站着的地方会不会突然塌陷。唉，也许还是像我开头说的，直接回答说爱，要脱口而出。如果被人看出来你犹豫了，就说，你只是在沉思自己的未来。

相关章节：11，27，43

39
难以忽视的馋嘴

看电影吃爆米花简直有种神奇的魔力。我酷爱甜食，随时随地都能嚼上几口解馋，但只有看电影时我才会吃爆米花，那真是独特的享受。同时，我也坚定地认为，人生在世，一定要多做些好事。 82

问题来了。

每次看电影，差不多要花上十五美元吃爆米花。回想一下你看过的公益广告吧：饥饿的孩子们睁大眼睛看着你，脸上还挂着泪痕。于是你记住了，每天省下一美分就能让孩子免于饿死。你备受触动，下了决心——而现在你正坐影院里看亚当·桑德勒的最新大片，对着屏幕咯咯傻笑。

你把十五美元用在大嚼爆米花上，与此同时，饥饿的孩子们**挣扎在死亡的边缘**。

想要合理化自己的行为很容易。“区区十五美元能为世上的苦难做些什么呢？”答：“起码可以救一个孩子的性命。”“嗨！我做过很多好事，捐过款，花时间做义务劳动，难道我就不能去看场电 83

影吗？”答：“做好事永远不嫌多，难道孩子的性命还值不上一场电影吗？”“我怎么知道花上十五美元能做什么好事？”答：“别去看电影了，去慈善机构做点实事。”

事实上，想要合理化看电影的行为并不容易。那去吃晚宴，买新衣服，或是我们做的其他什么事呢？都是如此。如果我们少点消遣和享受，重新分配资源，我们可以做更多的好事。就拿全球变暖来说吧。美国前副总统阿尔·戈尔的纪录片《难以忽视的真相》呼吁人们重视全球变暖的危害，然而，如果人们都能省下看电影的爆米花钱并用于治理全球变暖，也许这部片子就不会有这么大的影响了。

噢，等等——史蒂夫·马丁的新片刚刚上映了！

相关章节：5，12，20，49，54

40
没有时间，也没有现在

我知道现在是什么时间，但我不知道什么是时间。 84

时间似乎由过去、现在和未来组成。但是，过去已逝，不复存在，如果过去仍然存在，它就成了现在。而未来尚未到来，同样不存在。因此，如果时间存在，时间只能依附现在存在。

然而，现在又是什么呢？

现在只是一个时间点，并且不持续。如果现在是持续的，比如持续一天、一小时或是一毫秒，整段时间里也只有一个时间点属于现在。分钟聚成小时，小时汇成一天，但是现在和这些短暂的时间单位并不同：现在不是由更小的时间单位构成的。如果现在由更小的单位组成，现在只能属于那个最小的时间点，如此看来，现在的构成是一片虚无。

如果现在由虚无构成，现在本身就是虚无。 85

同理，我们来看看物体的构成。物体都是由更小的部分组成，每个部分又由更小的部分构成，循环往复。但最终我们还是能抵达终点，找到最小的构成单位。现在科学家认为最小的物质单位是电子、夸克，或是他们口中的“弦”。

时间与物质不同，时间没有最小的构成单位。不管时间单位有多么短暂，比如一微秒、一毫微秒，总会有比它们更小的时间单位。如果时间没有最小的单位，也就找不到一个所谓的时间点——如果找到了这样的时间点，就找到了最小的、无法再分割的时间单位了。

换句话说，现在是不存在的。

人们抱怨说自己没有时间时，并没有意识到自己发现了真理。

的确是这样，没有时间。就这样。

相关章节：2，8，43，51

41

我的身份危机有了身份危机

即将成年，经历身份危机还是很常见的：我到底是谁？我有什 86
么原则？让父母继续供养我是不是不对？我在三十五岁时才开始考虑这些问题，深深的焦虑击中了我。与此同时，我的身份危机也有了身份危机：身份到底是什么？身份有什么原则？身份这个东西无法让父母来供养，那什么可以呢？

事实上，世间万物都有身份危机。你的身体和构成身体的分子一样吗？精神状态和大脑状态一样吗？《旧约》中的上帝和《新约》中的上帝一样吗？考虑这些问题，我们需要一些引导和帮助。

以下是一些参考的原则：

“如果条件放到 x 上成立，放到 y 上不成立，那么 x 和 y 就是 87
两件不同的事。”

这条原则很合情理。不过，合情理有时也会引向不合情理。

比如，雕像和构成雕像的水泥是同一件事物，这毋庸置疑。雕像不能分成雕像和水泥这两件不同的事物。但是，很多事情放在雕像上成立，放在水泥上就不成立，比如：雕像是米开朗琪罗的作品，而水泥是地质活动的产物；雕像还可以用大理石做原料，而水泥不能；雕像美而贵重，而水泥既不美观也不贵重。

不知怎地，雕像和构成雕像的水泥并不是一回事。

再想想现在的你和几分钟前的你。很多事情放在现在的你身上是成立的，放在几分钟前的你身上则不成立——比如你对身份危机的想法。因此，现在的你和几分钟前的你并不是同一个人。时间走过一秒，你就比一秒前的自己老一些，这样一来，每分每秒的你都是不同的。每分每秒，旧的自己死去，新的自己诞生。

所以，你到底是谁？

相关章节：8，22，32，50，57

42
梦里再相见

“你真是疯了，什么都全凭想象！”我内心的哲学家经常听到 88
这样的指责，同时看到我对面的一只手指着门的方向。被关在门外的那一刻，我会高声答道：“没错！”的确，什么都全凭想象。

假设你做了这样一个梦：你和爱人躺在沙滩上享受阳光浴，嘴里吸溜着玛格丽特鸡尾酒，目光所及是湛蓝的大海。然后，你醒了。你发现自己躺在床上——深冬的寒夜里，你独自一人在屋里，沉浸在令人绝望的孤独中。这对我们来说是常事了。我们在之前的章节里也讨论过，梦里的情节和现实有多么不同。

事实上，这种情况不仅仅限定于梦和现实。

梦里你看到一棵椰子树。现在回想起来，你看到的到底是**什么**？

椰子树不是真的——不是实际存在的，毕竟冷清清的卧室里可 89
没有椰子树。并且，做梦时你紧闭着眼睛，看不见任何东西。由此可见，你看到的一定是其他的东西，比如脑海中想象的椰子树。同理，梦里其他的东西也是如此，都是想象出来的画面。

现在你醒了。假设你是个幸运儿，醒来时不在凄冷的卧室里，而是依然躺在沙滩上看我这本书，阳光普照蔚蓝的大海。再看看远处的椰子树，你的视觉体验应该和梦里的相差无几。我们区别现实和梦境的难处就在这里。你在梦中看到的是事物在大脑中产生的映像，而你**在现实中**看到的椰子树依然是它在大脑中产生的映像，不是实际存在于你脑海中的事物。

因此，即使是清醒时分，我们也不能真正感知到周围的事物。

我没有疯——一切尽在脑海中。

相关章节：3，4，9，16，30，48，52，56

43
上帝知道你要做什么

上帝是**全知全能的**。因此，即便你有自由意志，他也能知道 90
你未来会做什么。但是，上帝会采取什么办法得知你明天要做什么呢？

这个嘛，获取新知有三种途径：第一，推理得出必然的结果；第二，根据过去的模式来预测未来的情况；第三，观察当前的情况。

假设上帝用第一种方法预知未来，毕竟上帝知晓所有的自然规律，可以依据规律精准地推算出未来，你明天会做什么当然也不在话下。这个方法和上帝的全知全能相匹配，唯一的漏洞就是你的自
由意志。如果根据自然法则就可以推算出你的行为，很难说你的行 91
为出于自己的自由意志。

假定上帝用第二种方法得知你明天的计划。他对你的品味、喜好和习惯都了如指掌，再加上他对天气出了名的掌控力，预知你明天穿什么衣服并非难事。这种方法还保留了你的个人意志——尽管

你很有可能依照过去的习惯做决定，具体的决定权还是在你手中。唯一的问题是，这个办法并不很牢靠，毕竟你保留有自由意志，有权不选择上帝预言的那件衣服，没错，有时候你就是这么任性。而上帝是全知全能的，怎能选择这样不牢靠的办法？

那么，用第三种办法如何？很遗憾，第三种办法依然有问题：上帝如何“观察”明天发生的事呢？我们只能观察当下的情况，无法观察未来。

这样一来，我们又碰上了一个**难**题。上帝可以用第一种方法得知你会做什么，前提是你失去了自由意志；上帝用第二种方法可以保留你的自由意志，但预测的结果就未必准确。因此，上帝知道你将要做什么，**同时还**保留你的自由意志，这种情况并不存在。

相关章节：7，10，17，23，26，34，36，38，40，53，57，59

44
碰运气

只要你是人类（你应该是人类吧？），你应该就会无时无刻地 92
推算各种事情发生的概率，即使心中没有刻意推算，也会在潜意识里打着小算盘。比如，在你开车、抽烟、散步和抢劫烟酒商店前，你都会算算撞车、得肺癌、踩水坑和被子弹打成筛子的可能性。

我们谈论事情发生的概率时，会用到“很有可能”“有可能”“应该”“也许”“大概”等一系列词语。这些表示不同程度的词语究竟是什么意思？举个例子，“硬币正面朝上的概率是百分之五十”具体的含义是什么？

抛两次硬币，一定会一次正面朝上，一次正面朝下？当然不一定。即便是薄厚、重量最均匀的硬币，也有可能两次都是正面朝上。

那么，抛一百次硬币，就会得到五十次正面朝上，五十次正面朝下的结果吗？答案仍是否定的。用质地最匀称的硬币，得到的结
果也可能是 51：49，或是 55：45，抑或是相差更多。 93

我们这样解释如何：每抛一百次硬币，正面朝上的结果**很可能**有五十次。这个说法也许比较合理，但并没有解答我们之前的疑问。如果我们不知道“概率是百分之五十”的具体含义，我们也不会明白正面朝上的结果“很可能”有五十次的含义。

假定我们抛**无数**次硬币，正面朝上和正面朝下的次数是否会完全相同？问题来了。即便次数完全相同，下一次抛硬币的结果也会打破来之不易的平衡——正面朝上和朝下的次数一定经常不同。尽管如此，“百分之五十的概率”这种说法也依然成立。

我们一直在考虑各种事情发生的概率，但**真正**考虑概率本身时，我们反而不了解其中的真义。这可不是件好事。

也许吧。

相关章节：11，27

45
圣诞老人和斯克鲁奇

有些人转向宗教寻求榜样的力量，会常常这样拷问自己：“换做耶稣会怎么做？”在我看来，耶稣应该不会问自己这个问题。那么换做谁好呢，换成圣诞老人如何？ 94

慷慨是好的品质，我并没有质疑这一点。问题在于，圣诞老人为何乐于付出，我们根本无从知晓。既然不清楚背后的动机，我们就无法评判他在道义上是好是坏。有些人说，圣诞老人的历史原型只给穷人送礼物。这位历史原型已经很慷慨了，但比起馈赠礼物给世界上所有小家伙（包括富得流油的小家伙）的圣诞老人，还差得远些。现在家长口中的圣诞老人又变了，他奖励听话的孩子，惩戒捣蛋的孩子。然而，如果孩子们听话只是为了得到新款游戏机，我们教会孩子们的就不是真正的道义。若圣诞老人在其中起了推波助澜的作用，那么他也好不到哪里去。

好吧，我们姑且认为圣诞老人是个慷慨的热心肠，心里只想着无私奉献。这样一来，他算得上完美的榜样了吧？ 95

也许吧，但我们别忘了另一种可能性。狄更斯在代表作《圣诞颂歌》中成功地塑造了吝啬鬼斯克鲁奇的形象。斯克鲁奇不是慷慨的人，而是个不折不扣的吝啬鬼。现在我们把故事的结尾稍加改动：他最终不为所动，依然是个坏脾气的小气鬼，但他内心的哲学家告诉他，慷慨是令人钦佩的好品质。圣诞老人本身是慷慨的，乐于馈赠礼物，而斯克鲁奇不一样。他必须克服自身的吝啬才能变得慷慨，然而，他想变得慷慨并非出于自己的喜好，而是因为他认为这是正确的。

那么，谁才是完美的榜样？是那个自然而然一心想要给予他人的圣诞老人，还是必须克服自身吝啬才能变得慷慨的斯克鲁奇呢？

真好奇圣诞老人和斯克鲁奇会怎么说。

相关章节：5，12

46
不合作的合作

假设有以下这种情况：你私下里安排了秘密的订单，作为买 96
家，你把装好钱的小包放在指定地点，等待卖家把东西装好放在另一个指定地点。很明显，你们两个人都面临风险，也就是对方放空包裹的风险。如果双方履约合作，双方都会满意；如果一方履约合作，一方违约不合作，违约的一方会更加心满意足——买方免费拿货，而卖方空手套了白狼。想要最大化自己的利益，你就要拷问自己：是履约合作，还是背信弃义？

理性的人貌似会这样想：无非有两种可能，卖方如期送来货物
或是背约放一个空包裹。如果卖方送来了货物，想要利益最大化， 97
你就不要送钱了，这样就能免费拿货。如果卖方送来一个空包裹，你还是不要送钱，这样就可以**避免**损失这笔钱。无论是哪种可能性，背信弃义对你来说都是最有利的。

与此同时，卖家也在思考同样的问题。从他的角度考虑，同样只有两种可能，买家如数送来货款或是留下一个空包裹。倘若你如约留下了钱，对他更有利的做法是不送货物，这样就能白白拿到

钱。倘若你留下了空包裹，对他更有利的做法依然是不送货，这样可以避免损失货物。不管何种情况，背信弃义对**他**来说也都是最有利的。

于是，两个非常理性的人同时决定背约不合作，只给对方留下了空包裹。谁也没有得到什么。很显然，此时来看，对他们最有利的做法是双方履约合作，都能得到自己想要的东西。这也是他们原本的打算。

也许我们不该一直这么理性。

相关章节：11，14

47
隐　喻

语言里充斥着隐喻。我们平时常说的河口（河的嘴巴）、浓郁 98
的甜点（含有大量奶油、糖的甜点）以及盆满钵满（填满边缘）这类用法都是隐喻。在前面的章节里，我们早已领略到词语含义（比如名字的含义）的博大精深，现在加上隐喻，理解起来就更难了。

隐喻到底表达了什么含义？

有种说法是，隐喻其实是简要的对比，用直白的对比来传达比喻的含义。举个例子，“我的前任是个大冰块”这句话的含义应该是“我的前任**像**个大冰块”。原句有两层意思，字面意思（即“我
的前任**是**个大冰块”）是错误的，而比喻含义（即“我的前任**像**个 99
大冰块”）应该是对的。

等等，这样说也不太对。

我们还没有弄明白隐喻的含义。根据以上这种说法，“我的前任是个大冰块”这句话的意思就是“我的前任像个大冰块”。但前任和冰块哪里相像呢？也许两者都是又冷又硬——假设前任还活着

的话，应该不会是**字面意义上**的又冷又硬吧？于是，我们把“大冰块”这个象征解释为，“我的前任就**像**那些又冷又硬的东西”。问题又来了，前任和那些又冷又硬的东西哪里相像呢？也许是固执、不通人情吧。等等，冰块是无生命的物体，怎么会固执、不通人情呢？这样说来，两者完全没有共通之处，与其说前任像个冰块，还不如说“前任像奥巴马的左鼻孔”呢。毕竟，从**字面意义**上讲，前任既不像冰块，也不像“奥巴马的左鼻孔”。我们完全没有弄明白这个隐喻的含义。

隐喻真是个无法洞穿的谜。

——就像个大冰块。

相关章节：6，15，25，35

48

“左耳朵进，右耳朵出”

妻子火冒三丈，抱怨我又把她说的事忘在脑后。在妻子眼里， 100
大脑才是进行思维活动的场所（譬如回忆以及各种想法），这是毋庸置疑的常识。但大脑里没有想法，就是没有想法。

我们先不谈常识。

先说说脑中的想法吧。想法都有一个主题，比如政治，比如原子，又比如怎样平息妻子的怒火。如果你我想的是同一件事，那我们就有相同的想法，如果想的是不同的事，就是不同的想法。如果想法只存在大脑里，而脑袋里只有大脑，大脑处于同样状态的两个人，想法也应该是相同的。

现在假设有个星球和地球一模一样——大小、形状一样，甚
至连每一个分子都是一样的，还有一个你的完美复制品。唯一与 101
地球有分别的是，那个星球上的湖泊瀑布和云朵并没有 H_2O 成分，也就是我们说的地球上的“水”；替代“水”的是其他物质，比如 XYZ。没人说得出 XYZ 与 H_2O 的区别，两者的外观、气味和味道

毫无二致，那个星球上的人甚至也把XYZ称作“水”。当然，XYZ依然是XYZ，“水”依然是H_2O，XYZ和地球上的“水”是两种物质。

这时，地球上的你看到了一杯水，而你在孪生星球上的复制品看到了一杯XYZ。你的大脑里冒出一个想法：“嗯，水。”，而你的复制品脑中也有个想法：“嗯，水。”你想的是水，**而你的复制品想的不是水**。尽管他用“水”来称呼XYZ，他想的是杯子里的XYZ，而XYZ并不是水。

因此，你和自己的复制品想的不是同一件事。尽管事物的名称一样，你们的想法并不一样。但是，你和复制品身上的每一个分子都是相同的，如果想法只存在大脑里，而脑袋里只有大脑，同样的大脑活动应该可以得出相同的想法。显然，你们不符合这样的情况。

所以，尽管听起来很奇怪，我还是要说，想法也许并不存在于大脑中。

妻子说的事并没有从我左耳朵进，右耳朵出；事实上，她的事从不在我的脑子里。

相关章节：4，19，42，52

49
人生不公

很多人抱怨人生不公，当然，人们往往吃了亏才会这么说。世 102
上的确有很多不公，人们的健康、财富、权力和地位等状况各不相同。因此，偶尔抱怨一下也合乎情理。

但是，世上并没有那么多不公平的事情。

人与人之间的分别大多始于出身。有人生来就比别人聪明健康。他们生在发达国家，出身富裕的家庭，但另一些人就没有这样的运气。比如说你吧，智商高，家庭富有，相貌堂堂；而我要等上
两个礼拜才能洗一回澡，还要五个兄弟姐妹一起洗——等等——水 103
费还没交齐呢。太不公平了！

真的是这样吗？

假设你面临着艰难的抉择：救生船最多载十人，而船上有十一人，必须牺牲一人来保全大家的性命。谁都想活命，谁都有资格活命。那么，如何在保证公平的前提下选出那个要送命的人？

毫无疑问，这种情况只能采用抽签的办法。抽签的形式很多，比如抛硬币、猜拳或是抽树枝。一旦抽到最短的树枝，无疑是灭顶之灾，但谁也不能说抽签的结果不公平。毕竟，抽签的随机性本身就谈不上公平与否。一切都是随机的，其中没有偏差和猫腻，大家机会均等，都有可能抽到代表死亡的树枝。整个抽签的过程是随机且真实的。

同理，出身的不平等造成了巨大的贫富差距和不公，对很多人来说，他们的出身就像抽中了最短的树枝，是人生的灭顶之灾。为了世人的福祉，我们理应去为之抗争，改变这种局面。

但我们抗争的原因，并非出于人生不公。

相关章节：5，39

50
有时你不是你

假设人类已完美解决了远程传输的难题：缓步登上仪器，仪器 104
开始全速扫描你全身的细胞分子，随即将其分解成最小的单位——完成扫描后，原始的分子已经不重要了。仪器把扫描到的信息传输给你的目的地，那里有接收仪器负责用分子库里的分子重建你的身体。就这样，你被远程传输到了目的地。

单从你的视角来看，登上传输仪器后，下一秒你就到了目的地——假定目的地是火星吧。虽说组成你身体的分子和原始的分子不同，不过，你的身体本身就在不停地新陈代谢嘛。原始的分子不再重要，重要的是如何运用分子，通过何种排列组合组装成**你**。
人在地球，工作地点远在火星，每天这样远程通勤，一切都那么 105
自然。

有天早上，你开赴火星后，工程师泰德忘了删掉仪器里的扫描信息。他再次启动仪器后，仪器按扫描的信息用分子库的分子重组了你的身体。当然，对你来说，你登上仪器后只过了一眨眼的工夫。看到泰德惊异的表情，你不禁说道："兄弟，愣着干什么，该摁按钮了！”

但是等等，这句话究竟**是**谁说的？这肯定不是你说的，你已经去火星了。不过也许确实是你说的。我们甚至还可以假定，这个你就是用你刚才已分解的身体分子组装的，远在火星的那个你才是冒名顶替的骗子。再等等——如果远程传输到火星的你不是你，那么，早在第一次从地球通勤到火星时，你就不是你了。所以，还是快点祈祷远在火星的你才是你吧。如果火星上的你才是你，那么和泰德说话的你就不是你了。等等，和泰德说话的你是不是你？

仪器的屏幕忽然亮起来，显示火星上播来视频电话。

显示屏上出现了你的脸，你看到你说：“泰德，我忘了……”

你的眼睛紧盯着你。哦不，我是说他。不对，我是说你。

“**你**是谁？”两个你同时问道。

相关章节：8，19，22，32，41，57

51
无事生非

天文学家近日宣布，他们什么也没有发现：宇宙有十亿光年的 106
空白，什么也没有。

好大一片空白！问题来了。如果空白是空白，什么也没有，怎么会有好大一片空白？

有意思的是，空白的确不像是空白。空白是名词，而名词指代的就是事物。如果“空白”作为词语是有意义的，“空白”首先必须是一件事物。

空白是什么呢？

我们人类以及其他物质都是由原子这类更小的单位组成的，而空白不由任何事物组成。这么说吧，空白是由空白组成的。

事物都有不同的属性。比如，眼睛是蓝色的，盐可以溶于水， 107
水在 100ºC 时到达沸点。再比如，物体都有重量，椅子这类物体还可以承受重量。相比之下，空白的空间没有颜色，不能溶解，没有沸点，没有重量，也无法承受重量。空白，没有任何这样的属性。

不过，空白也有其属性。我们可以像天文学家那样指出，宇宙有好大一片空白。我们可以用它形容时间的流逝，比如，求婚后足足七秒钟没有得到回应，那真是漫长的空白（还好**不是**一直没有回应）。我们还会因为空白而欢欣雀跃，比如医生诊断单上的空白——这表示胃里没什么毛病，我们终于松了口气。空白甚至可以起到推波助澜的作用，比如，路旁的行人选择视而不见，没有提醒你躲开冲过来的自行车，正是他在道义上的空白和不作为导致了撞车的发生。可见，空白有大小、时长甚至推动的作用。既然有如此多的属性，空白一定不是空白，而是一件事物。

而作为一件事物，空白仍是空白。

我们围绕空白说了这么多，其实思考空白和虚无比你想的还要难得多。针对空白的思考绝非虚无，而虚无的缺席才是值得我们注意的。

相关章节：8，40

52
情人眼里出西施

朋友瞟了一眼我的晚餐，不以为然。“怎么了？”我说道，“饭 108
很好吃的。”“才不是呢。”他这样答道。我没有接话，一部分原因是不想重做晚饭，另一部分原因是，我觉得没什么好说的。

为什么没什么好说的？因为如同前面的章节所述，味道这类感觉是相对的。颜色是否匹配，屋子是冷是热，人是美是丑，这些都要看不同人的不同感受，孰对孰错无从说起。看到的事物都是主观的，美丑不在事物本身，而在不同人的眼中。正所谓，情人眼里出西施。

现在我们向前跨一步，来思考一下事物的大小和形状。手中的硬币从正面看是圆的，而斜着看就是椭圆的。拿到远处看，硬币
就变小了，拿到近处看，又变大了。硬币的特征随着人的视角而变 109
化，但硬币本身并没有变化，无论大小圆扁，它还是那枚硬币。既然特征变了而事物本身没变，那么，人看到的事物的特征就不是事物的特征。因此，你看到的事物的大小、形状也是主观的，从属于你自己的主观感受。顺着这个思路我们还可以继续深挖下去。

我们观察和感知到的无非是事物的颜色、味道、大小、形状这些特质。事物也是由颜色、味道、大小、形状这些特质构成的，如果这些特质出自人的主观感受，那么由这些物质构成的**事物本身**也出自人的主观感受。也就是说，我们感知到的其实是我们的主观感受，但这不是全部。

真相是，世上只有主观的感受。

没有什么真实的物体，有的只是人的思维和主观感受。情人眼里出西施，美丑不在事物本身，而在不同人的眼中。但事实上，就连眼本身也出自人的主观感受。

相关章节：3，4，8，9，16，30，42，48，56

53
要么买账，要么不买账

标题是句废话。不需要哲学家的提醒，你都知道，这是句正确 110
的废话。人只有两种选择，要么买账，要么不买账。所以，你要么买账，要么不买账。

这一句话就揭示了真相：人没有自由意志。

人的每一个行为都是如此。就拿那件蓝色的条纹衫来说吧，明天你要么穿，要么不穿。没人知道你会不会穿，我们要看你到时候怎么想，但是我们知道，你要么穿，要么不穿。

假定你明天会穿蓝色的条纹衫。如果假设是正确的，你就一定会穿这件衣服。如果你设法没有穿这件衣服，这个假设就不成立
了。因此，如果这个假设是正确的，你没有任何办法做任何抗争， 111
你一定会穿这件衣服。

假定你明天不会穿蓝色的条纹衫。如果这个假设是正确的，你根本没有办法去穿那件衣服。如果你穿了那件衣服，假设就不再成立。只要假设成立，你就一定不会穿那件衣服。

因此，也许我们没有办法得知最终的结果，但我们知道，结果只能是其中一个，而你对此无能为力。不管你做什么，都逃不出这两个选择。

同理，做**任何**事都是如此。你要么嫁给他，要么不嫁给他；要么吃掉甜点，要么不吃甜点；要么穿蓝色条纹衫，看着像个呆瓜，要么不穿蓝色条纹衫，不让人看笑话。

现在我们知道，我们对要做的事没有任何选择权。

相关章节：10，23，34，43

54

体验幸福

没有什么比找到有意义的事更有意义的事了。 112

如前面的章节所述，没有什么比幸福更重要的事了。我们渴求很多事，其实渴求的是其带给我们的幸福感，而我们祈盼幸福，只是为了幸福本身。因此，真正符合道德的生活是给大多数人带来幸福的生活。

问题来了。

假设有台机器可以让你体验到任何你想要的东西。把机器接入大脑，大脑随即被激活，你可以体验到任何能带给你幸福感的东西，比如在暖洋洋的沙滩上享受日光浴，比如按摩时身心的放松，
又比如热衷运动的人体验长途骑行，活力四射。也许你的品味高 113
雅，想和好友谈天说地，想搞懂物理学的最新发现，甚至想赢得诺贝尔奖。或许你的品味独特，想通过痛苦和折磨体验幸福。不管你想要什么，这台神奇的机器都能有求必应。

那么，你会选择接入这台机器吗——不是几分钟，而是一

辈子？

大多数人选择拒绝。这样看来，有意义的事不是体验，而是实打实地去**做**事。我们想要参加长途骑行，不只是为了体验骑行的快乐；想要赢得诺贝尔奖，不只是为了体验得奖的感受。接入这台机器，我们分不出真实与虚幻，可见，体验不是最重要的，有其他的东西比体验幸福更重要。

因此，幸福感不是我们最想要的东西。如果幸福感是最重要的东西，我们一定会争先恐后地接入机器，追寻各种各样的幸福感。

但是我们没有做这样的选择。

所以一定有什么东西比幸福感更重要。

相关章节：5，12，20，29，39，58

55
简直和英语一样

最近我才知道，“简直和希腊语一样”这种说法源自中世纪的 114
哲学家——面对艰涩难懂的古希腊典籍，他们抱怨不迭。这让我很好奇，**古希腊人**该如何形容他们看不懂的典籍呢？我发现他们是这样说的：“简直和中文一样。”不过，在研究中国人怎么说之前，我还面临着更严重的问题——我查资料，看的都是英语，那么，“简直和英语一样”又代表了什么？

假设有人被关在屋子里。门缝里塞进来几张纸，上面画着奇奇怪怪的符号。这人根据一本英文的工具书，写出与符号对应的记号，再把纸重新塞回门缝，就这样循环往复。他不明白符号的含义，只是机械地找出与纸上符号相匹配的符号。他不知道那些符号
是汉字，门外是中国人，而这些中国人以为门后面与他们沟通的也 115
是中国人。

有趣的是，我们现在使用的电脑和此人很相像。电脑是机械化的设备，给电脑输入指令，电脑就会严格按照系统设定输出相应的指令。屋子里的人通过工具书完美地和外界**模拟**了“对话”，而编

程设定好的电脑同样也可以做到这点。屋子里的人不懂中文，而电脑也不懂自己在做什么。因此，电脑最多只能模仿人类的智能，而不能真正拥有人类的智能。

现在问题来了。假定真正懂得一门语言不仅仅限于给出适当的回答，毕竟屋子里的人和电脑都能给出正确的回应，却都不懂得其中的含义。但怎样才算真正懂得一门语言？听到一些英文词语，你就知道用什么英文词语来回答。你“真正懂得了”英语。除了给出恰当的回答，真正懂得一门语言还需要懂得什么呢？

简直和乌尔都语一样。

相关章节：4，6，24

56
东西……就在……那儿

你肯定看过那种两面画，比如正着看是少女，倒着看却成了 116
老妇。那么，这幅画画的到底是少女还是老妇？答案可以是两者都是，也可以是两者都不是，主要看你怎么看**这幅画本身。**

其他事情也是一样。

听你懂得的语言和不懂得的语言是不同的：听英语时，你听到的是单词及其含义；而听到乌尔都语时，你只听到了一连串的音符。其中的原因不在耳朵，而在思维。思维可以解读懂得的语言，但无法破解不懂得的语言。

同理，猫咪看着我的电脑，但丝毫没看见我的电脑。它在我桌
上伸懒腰时，没看见被它推到一旁的重要文件，也没看见我把**它**推 117
到一旁时嫌恶的表情。它不是眼神不好，而是没有概念，不懂得电脑和文件这些东西的意义。在猫咪的眼中，这些只不过是不同光线和颜色组成的图案，而它有限的思维无法解读这些图案。

我们时常忽视思维的力量，忘记思维帮我们构建世界的功劳。

“客观的”世界由可控的物体构成，而物体都各有其属性，独立存在于世上。相比之下，感官体验就完全不同了。从严格意义上讲，眼睛“看”到的只是波动的光线和色彩，解读这些光线和色彩，要靠你的思维充分运用其掌握的概念。经过这样的工序，一个个图像才得以呈现在你眼前，比如早餐桌子、地板上的香蕉还有孩子穿脏了的鞋子。

我的意思不是说，世界尽在我们的思维里，没有外在的世界。外在的世界是存在的，但世界具体是什么样子、有什么东西，还是要看我们思维里的概念如何解读感官体验。如同看两面画，你的视角很重要，这个道理放诸四海而皆准。**东西**就在那儿，但具体是**什么东西**，就要看你自己了。

相关章节：3，4，11，30，31，33，42，52，57

57
体验之外

我们感知世界，靠的是感官的体验。这未免让人觉得，呱呱坠地时，我们的头脑一片空白，亟须日后的经历补全。然而事实上，尽管身体赤条条地来，头脑却并非如此。降生于世，我们的头脑早就有了存货。 118

毕竟，有些概念是感官体验本身无法带给我们的。

就拿道德观念来说吧，我们的感官无法察觉到“对”与“错”这类事物。眼睛只能看到光线和色彩，分辨“对”与“错”就严重超纲了。

数学的概念也是如此。先不说微积分那些高阶的概念，就说最简单易懂的数字。人生来就有对数字的概念：看到三只橙子、三棵树，眼睛看到的是实际的事物，看不到事物背后的数字三**本身**，但我们依然知道那是三只橙子、三棵树。事实上，我们对数字的概念并非从看到的事物中总结得来，而是头脑本身就有对数字的概念，我们仅仅把对数字的概念用在了看到的事物上。 119

同理，我们还有自我意识，这也是感官无法提供给我们的。拥有自我意识，靠的不是眼睛、耳朵或鼻子。当然，生而为人，我们会“自察”，向内探索，寻求自我。但“自察”并不能让我们拥有自我意识，我们察觉到的，只是自身不断流动的意识、感知和记忆，我们感知不到自我，而自我此时正在“自察”自我。

最后我们来谈一下上帝的概念。也许你不是信徒，但上帝的概念对你来说并不陌生——上帝是种无限的存在。然而，我们接触到的所有事物都是有限的、有边界的，很显然，感官体验在这里并没起到什么作用。

感官体验向我们描述了世界的模样，但我们生来固有的概念，并不是它赋予的。

相关章节：4，5，7，11，17，22，31，56

58
不宽容是种美德

宽容是种美德。认同这句话的人有着高尚的灵魂，他们认为，120
不同的文化和社会，其道德观也不尽相同，人们不能妄自尊大地把自己的道德观列为真理。于是，“宽容异见”的言论甚嚣尘上。但是，这种普遍意义上的宽容没有任何意义。如果你认为某些做法在道义上是错的，就**不应**加以容忍，否则就是纵容。如果一些做法在你看来可以接受，这并非施以宽容，而是赞同。因此，如果打心底认为某些做法是错的，你就要认定这些做法对**所有人**来说都是错的。

假设作为老师，你给两份完全一样的考卷打的分数不同，学生一定会恼火。原因在于，对同一件事物，你赋予了不同的“意义”——在这里是打了不同的分数，而“事实”还是同一个事实——在这里是答卷。显然这是不对的。

然而，这些崇尚宽容的人做的正是这样的事。比如，西方人谴 121
责“女性生殖器阉割”的做法，当然也有人认为这是特定文化中人们履行其道德观的义务。崇尚宽容的人认为割礼是错的，但仍然宽容这种做法。认定割礼是错误的，同时又认为这对施行割礼的人来说是可以接受的——这就是赋予同一件事物不同的“意义”。然而，对两者而言事实有什么不同吗？完全没有。

的确，不同的文化和社会，道德观不同。现在让我们换种思路思考。假定有人认为与未成年人发生性关系是可以接受的，不管我们多么崇尚宽容，我们都无法宽容这个人。为什么？因为他**认定**与未成年人发生关系可以接受，但这并不意味着这件事真的可以接受。即便他有十几个朋友，或是成百上千个朋友，抑或是整个社会都支持他的想法，也不意味着这件事可以接受。道德的合法性与信徒的数量无关。

因此，如果你认为某种做法是错的，鼓起勇气坚持自己的想法：这种做法对任何人而言都是错的。

别宽容那些崇尚宽容的人。

相关章节：5，29

59
这是最美好的世界

哲学圈有个冷笑话。乐观主义者说：“在所有可能存在的世界 122
中，我们的世界最美好。”悲观主义者表示赞同。

当然，如果按这个标准来衡量乐观和悲观，大多数人既不乐观也不悲观，这也**不是**最美好的世界。举个例子，去掉一些不太美好的事物，比如这个笑话，再换上更好笑的笑话，世界就会更美好一点——哪怕只有一点。如果世界还可以更美好一点，那么现在的世界就不是**最美好**的世界。

很多人认为上帝是博爱的、全知全能的，上帝创造的世界一定是最美好的世界。如果我们的世界不是最美好的世界，那么上帝一定不存在。仅凭一个冷笑话，我们就反推出上帝并不存在！

真的是这样吗？

以上的推理假定我们有权评判整个世界的好坏。举个例子，我 123
们幻想自己可以排除掉一些不好的事情，但事情怎么会如此简单？换一个好笑的笑话，你能多笑上几秒钟。这当然是好事。而后，你出门的时间也晚了几秒钟，却恰巧赶上了致命的事故。如果早出门几秒钟，你完全可以逃出生天，而你本可以在未来的十年里研发出治愈癌症的良药。几秒钟的时差剥夺了你的生命，也剥夺了整个世界发明新药的可能。我们不知道这一切，我们也不可能知道这一切。

然而，我们并不需要知道这一切。这个世界和任何可能存在的世界一样美好，而可能存在的世界没准是个可怕的所在。我们无从知道这**是**最美好的世界，当然也无从知道这**不是**最美好的世界。既然无法证明这不是最美好的世界，这个世界的任何东西，罪恶也好，冷笑话也好，都无法反推出上帝不存在的结果。

这样看来，**尽管**罪恶存在于世，世界并非完美，但上帝依然有存在的可能，也算是小小的安慰。小小的安慰也是安慰。

相关章节：5，7，17，26，36，43，57

60
不是结尾的结尾

很多事都没有尽头，比如空间、时间、数字，还有孩子们提出 124
来的问题。

当然，还有哲学。

为了劝服别人或是自己，你会费尽心思找出各种论据。然而，信念不过是论据堆砌而成的，为了证明这些论据，你又找出了更多论据，而这些新论据还需要**其他**论据来佐证。这下你受不了了——这也是哲学问题令人费解的地方：永远有更多的论据，更多反面的论据，还有更多不同的答案。反正等着你的是无穷无尽的问题，还不如从未开始呢，何必劳神？这和数数数到无穷大有什么分别？

当然，我们还可以换种思路。

几年前，我第一次尝试了浅海潜水，那感觉太棒了。此生我
头一次亲眼看到真实的水下世界，数不清的生物共享同一个生态系 125
统。所有的生物都能联系在一起，它们的关系纷繁错杂：这种生物是那种生物的美餐，那种生物的粪便能为另一种生物所用，而另一

种生物的粪便又可为其他生物利用，如此循环往复。这种让人迷醉、令人眩晕的美，一直静静地在那里，等待我潜入水下去窥探。

如果说，海洋无边无际没有尽头，永远有更多有趣的生物，它们彼此的关系错综复杂，那我可不会说："反正等着你的是无穷无尽的海，还不如从没有跳进海里一探究竟。"我一定会说："附近哪儿有卖潜水服的？"

潜水只是打个比方，现在我们回到哲学。在哲学的海洋里，有数不清的令人惊奇的想法和概念，而这些想法、概念彼此联系同时又相互矛盾。与海洋不同的是，哲学的海洋深不见底。不管从哪里跳进哲学的深海，你都能一直向下潜，再向下潜。这时，你想说的就不是"何必劳神跳进哲学的海洋"，而是——非常感谢。

当然，世界还是**那个**世界，而你仍在尘世沉浮。那片海洋你寻觅已久，殊不知已身在其中，现在需要做的只是开始思考。从点滴做起，点滴汇成大海，无边无际，波澜壮阔。

这只是个开始。

相关章节：1

参考资料

3 梦中人

René Descartes, *Meditations on First Philosophy* (1641), "Meditation One." Reprinted in Donald Cress, ed., *Meditationson First Philosophy*, 3rd Edition (Indianapolis, IN: Hackett Publishing Company, 1993).

7 上帝之骰

Paul Davies, *The Mind of God* (New York: Simon and Schuster, 1992), Chapter 8: "Designer Universe."

9 本色

C. L. Hardin, "Color and Illusion," in William Lycan, ed., *Mind and Cognition: A Reader* (Cambridge, MA: Blackwell, 1990), 555–67.

12 要开心，别担心——除非担心使你开心

John Stuart Mill, "Utilitarianism" (1861). Reprinted in H. B.Acton, ed., *J. S. Mill's Utilitarianism, On Liberty and Considerations on Representative Government* (London: J. M. Dent & Sons, 1972).

13 头脑桌球

Donald Davidson, "Mental Events," in L. Foster and J. Swanson, eds., *Experience and Theory* (Humanities Press,1970), 79–101. Reprinted in David J. Chalmers, ed., *Philosophy of Mind: Classical and Contemporary Readings* (Oxford: Oxford University Press, 2002).

Jaegwon Kim, *Philosophy of Mind* (Boulder, CO: Westview Press, 1996), Chapter 6: "Mental Causation."

14 非理性即理性

Robert Nozick, "Newcomb's Problem and Two Principles of Choice," in Nicholas Rescher, ed., *Essays in Honor of Carl G.Hempel* (Dordrecht, the Netherlands: D. Reidel, 1969), 115.

15 玫瑰换个名字就不是玫瑰了

J. S. Mill, *A System of Logic* (New York: Harper & Brothers, 1874), Book I, Chapter II, Section 5: "Of Names." Reprinted in A. P. Martinich, *The Philosophy of Language*, 4th Edition(Oxford: Oxford University Press, 2001).

Gottlob Frege, "On Sense and Nominatum" (1892).Trans. Herbert Feigl, reprinted in A. P. Martinich, *The Philosophy of Language*, 4th Edition (Oxford: Oxford University Press, 2001).

16 伸进水桶的两只手

John Locke, *Essay Concerning Human Understanding* (1690), Book

II, Chapter VIII.21. Reprinted in Roger Ariew and Eric Watkins, eds., *Modern Philosophy: An Anthology of Primary Sources* (Indianapolis, IN: Hackett Publishing Company, 1998).

17 上帝能烤出烫得下不了嘴的墨西哥卷吗？

Thomas Aquinas, *Summa Theologica*, P. 1, Q. 25, 3rd article: "Whether God is Omnipotent." Trans. Fathers of the English Domincan Province (Allen, TX: Christian Classics, 1981).

18 外科主任警示：任何事引发任何事

Bertrand Russell, "On the Notion of Cause," *Proceedings of the Aristotelian Society*, 13, 1912–13. Reprinted in John G. Slater,ed., *Bertrand Russell: Logical and Philosophical Papers 1909–1913* (London: Routledge, 1992).

19 大开眼界

Frank Jackson, "Epiphenomenal Qualia," *Philosophical Quarterly*, 32, 1982, 127–36. Reprinted in David J. Chalmers, ed., *Philosophy of Mind: Classical and Contemporary Readings* (Oxford: Oxford University Press, 2002).

Peter Ludlow, Yujin Nagasawa, and Daniel Stoljar, eds., *There's Something About Mary: Essays on Phenomenal Consciousness and Frank Jackson's Knowledge Argument* (Cambridge, MA: M.I.T. Press, 2004).

20 选择即错误

Judith Jarvis Thomson, "The Trolley Problem," *The Yale Law Journal*, 94(6), May, 1985, 1395–415.

23 魔鬼的教唆

Harry G. Frankfurt, "Alternate Possibilities and Moral Responsibility," *The Journal of Philosophy*, 66(23), 4 December 1969, 829–39.

24 网络情缘

A. M.Turing, "Computing Machinery and Intelligence," *Mind*, LIX, 236, 1950. Reprinted in Douglas R. Hofstadter and Daniel C. Dennett, eds., *The Mind's I: Fantasies and Reflections on Self and Soul* (Toronto, CA: Bantam Books, 1981).

Douglas R. Hofstadter, "A Coffeehouse Conversation on the Turing Test to Determine if a Machine Can Think," *Scientific American*, May 1981, 15–36. Reprinted in Douglas R.Hofstadter and Daniel C. Dennett, eds., *The Mind's I*: Fantasies *and Reflections on Self and Soul* (Toronto, CA: Bantam Books, 1981).

26 上帝十诫

Plato, "Euthyphro" (fourth century B.C.E.). Reprinted in John M. Cooper, ed., *Plato: Complete Works* (Indianapolis, IN: Hackett Publishing Company, 1997).

27 香草布丁是好是坏，不尝不知

Carl G. Hempel, “Studies in the Logic of Confirmation,” *Mind*, 54, 1945, 1–26, 97–121. Reprinted in Carl G.Hempel, *Aspects of Scientific Explanation and Other Essays in the Philosophy of Science* (New York: The Free Press, 1965).

30 眼见不为实

René Descartes, *Meditations on First Philosophy* (1641), “Meditation One.” Reprinted in Donald Cress, ed., *Meditations on First Philosophy*, 3rd Edition (Indianapolis, IN: Hackett Publishing Company, 1993).

32 老样子

D. M. Armstrong, *Universals: An Opinionated Introduction* (Boulder, CO: Westview Press, 1989).

33 我看不到千里之外

George Berkeley, *Three Dialogues between Hylas and Philonous* (1713), “The First Dialogue.” Reprinted in Roger Ariew and Eric Watkins, eds., *Modern Philosophy: An Anthology of Primary Sources* (Indianapolis, IN: Hackett Publishing Company, 1998).

34 今年只读一本书

Richard Taylor, *Metaphysics*, 4th Edition (New Jersey: Prentice Hall, 1963/1992), Chapter 6: “Fate.”

35 莎士比亚著——或其他什么人著

John Searle, "Proper Names," *Mind*, 67, 1958, 166–73. Reprinted in A. P. Martinich, *The Philosophy of Language*, 3rd Edition (Oxford, UK: Oxford University Press, 1996).

36 你怎么还在这儿?

René Descartes, *Meditations on First Philosophy* (1641), "Meditation Three." Reprinted in Donald Cress, ed., *Meditations on First Philosophy*, 3rd Edition (Indianapolis, IN: Hackett Publishing Company, 1993).

37 外科主任撤回警示：任何事没有引发任何事

David Hume, *An Inquiry Concerning Human Understanding* (1748), Section IV. Reprinted in Roger Ariew and Eric Watkins, eds., *Modern Philosophy: An Anthology of Primary Sources* (Indianapolis, IN: Hackett Publishing Company, 1998).

38 明天你还爱我吗?

David Hume, *An Inquiry Concerning Human Understanding* (1748), Section IV. Reprinted in Roger Ariew and Eric Watkins, eds., *Modern Philosophy: An Anthology of Primary Sources* (Indianapolis, IN: Hackett Publishing Company, 1998).

40 没有时间，也没有现在

Augustine, *Confessions* (397 C.E.), Book 11. Reprinted in Jonathan Westphal and Carl Levenson, eds., Hackett Readings in Philosophy:

Time (Indianapolis, IN: 1993).

41 我的身份危机有了身份危机

G. W. Leibniz (1646–1716) on the "Indiscernibility of Identicals." See H. G. Alexander, ed., *The Leibniz–Clarke Correspondence* (Manchester: Manchester University Press, 1956), L. IV. 3–6.

46 不合作的合作

Douglas Hofstadter, "The Prisoner's Dilemma and the Evolution of Cooperation," in *Metamagical Themas: Questing for the Essence of Mind and Pattern* (New York: Basic Books, 1985).

47 隐喻

John Searle, "Metaphor," in A. Ortony, ed., *Metaphor and Thought* (Cambridge: Cambridge University Press, 1979). Reprinted in J. R. Searle, *Expression and Meaning* (Cambridge: Cambridge University Press, 1979). William Lycan, *Philosophy of Language: A Contemporary Introduction* (London: Routledge, 1999), Chapter 14: "Metaphor."

48 "左耳朵进，右耳朵出"

Hilary Putnam, "The Meaning of 'Meaning,'" in Keith Gunderson, ed., *Language, Mind, and Knowledge*, Minnesota Studies in the Philosophy of Science (Minneapolis, MN: University of Minnesota Press), vol.VII, 131–93.

Andrew Pessin and Sanford Goldberg, eds.; *The Twin Earth*

Chronicles: Twenty Years of Reflection on Hilary Putnam's "The Meaning of 'Meaning'" (Armonk, NY: M. E. Sharpe, 1996).

50 有时你不是你

Derek Partfit, *Reasons and Persons* (Oxford: Oxford University Press, 1984), Chapter 10: "What We Believe Ourselves to Be."

52 情人眼里出西施

George Berkeley, *Three Dialogues between Hylas and Philonous* (1713), "The First Dialogue." Reprinted in Roger Ariew and Eric Watkins, eds., *Modern Philosophy: An Anthology of Primary Sources* (Indianapolis, IN: Hackett Publishing Company, 1998).

53 要么买账，要么不买账

Aristotle (384–322 B.C.E.), *De Interpretatione*, Chapter 9. In J. L.Ackrill, ed., *A New Aristotle Reader* (Princeton, NJ: Princeton University Press, 1987).

54 体验幸福

Robert Nozick, "The Experience Machine," in *Anarchy, State, & Utopia* (New York: Basic Books, 1974), 42–5.

55 简直和英语一样

John Searle, "Minds, Brains, and Programs," *Behavioral and Brain Sciences*, 3, 1980, 417–58. Reprinted in John Perry and Michael

Bratman, eds., *Introduction to Philosophy: Classical and Contemporary Readings*, 3rd Edition (Oxford: Oxford University Press, 1999).

59 这是最美好的世界

G.W. Leibniz, *Theodicy: Essays on the Goodness of God and the Freedom of Man and the Origin of Evil* (1710), "Summary of the Controversy Reduced to Formal Arguments." Reprinted in Austin Farrer, ed., E. M. Huggard trans., *G. W. Leibniz: Theodicy* (La Salle, IL: Open Court, 1985).

主题索引

(索引页码为英文原书页码，即本书边码)

C

D

E

F

K

L

M

P

R

S

T

U

W

The 60-Second Philosopher: Expand your Mind on a Minute or so a Day!

by Andrew Pessin

Published by Oneworld Publications 2009

图书在版编目（CIP）数据

一分钟哲学课 /（英）安德鲁·佩辛著；王芳卉译．—北京：中国人民大学出版社，2018.6

书名原文：The 60-Second Philosopher：Expand your Mind on a Minute or so a Day!

ISBN 978-7-300-25784-6

Ⅰ.①一…　Ⅱ.①安…　②王…　Ⅲ.①哲学-青少年读物　Ⅳ.① B-49

中国版本图书馆 CIP 数据核字（2018）第 098310 号

一分钟哲学课

安德鲁·佩辛　著

王芳卉　译

Yi Fenzhong Zhexueke

出版发行	中国人民大学出版社		
社　　址	北京中关村大街31号	**邮政编码**	100080
电　　话	010-62511242（总编室）		010-62511770（质管部）
	010-82501766（邮购部）		010-62514148（门市部）
	010-62515195（发行公司）		010-62515275（盗版举报）
网　　址	http://www.crup.com.cn		
	http://www.ttrnet.com（人大教研网）		
经　　销	新华书店		
印　　刷	涿州市星河印刷有限公司		
规　　格	148 mm × 210 mm　32 开本	**版　　次**	2018 年 6 月第 1 版
印　　张	4.75　插页 3	**印　　次**	2018 年 6 月第 1 次印刷
字　　数	108 000	**定　　价**	35.90 元